JURAL THOUGHT SERIES
法律思想丛书

丛书主编◎喻中



曹 明 | 著

以“人之上升”作为参照，以16—19世纪西欧内部政治变化所导致的法权观念变革为研究对象，试图将“近代西方”还原为一个具体的现象，同时发现其真正的“力量”，以此探究促使“近代西方”趋于强大的普遍性力量是如何形成的，又是如何安置的。

# 神之下降：西方法权思想的近代嬗变

THE DESCENT OF GOD:
ON THE MODERN EVOLUTION OF
WESTERN CONCEPTION OF LAW

陕西出版集团
陕西人民出版社

**图书在版编目（CIP）数据**

神之下降：西方法权思想的近代嬗变/曹明著. —
西安：陕西人民出版社，2012
（法律思想丛书）
ISBN 978-7-224-10290-1

Ⅰ.①神… Ⅱ.①曹… Ⅲ.①法律—思想史—研究—
西方国家 Ⅳ.①D909.1

中国版本图书馆 CIP 数据核字(2012)第 187256 号

**神 之 下 降**

——西方法权思想的近代嬗变

作　　者　曹　明
出版发行　陕西出版集团　陕西人民出版社
（西安北大街 147 号　邮编：710003）

印　　刷　铁一局印刷厂
开　　本　787mm×1092mm　16 开　13 印张
字　　数　188 千字
版　　次　2012 年 8 月第 1 版　2012 年 8 月第 1 次印刷
印　　数　1—3000
书　　号　ISBN 978-7-224-10290-1
定　　价　22.00 元

# 《丛书》总序

这套《法律思想丛书》，旨在为当代及未来的文明秩序寻求更加丰厚的思想理据，奠定更加坚实的思想根基。

人类文明的演进史已经表明，广义的法就是对文明秩序的规则化表达，广义的法律思想就是关于文明秩序的思想。一种自成体系的法律思想就是一种文明秩序原理，相异的文明秩序则会孕育出相异的法律思想体系。按照这样的思路，中国固有的法律思想就是关于中国固有的文明秩序的思想，欧美固有的法律思想就是关于欧美固有的文明秩序的思想。至于世界普适的法律思想，则是关于人类文明秩序的思想。

正是因为文明秩序的多样性，才造就了法律思想的多样性；正是因为多元文明之间的对话，才促成了多种法律思想之间的对话；正是因为法律思想与文明秩序之间存在的这种共通性，这套《法律思想丛书》也可以称为《文明秩序原理丛书》或《文明宪章丛书》。

循名责实，这套《法律思想丛书》当然要立足于法学，尤其是法理学、法哲学、法律思想史等分支学科。然而，文明秩序原理所牵连的思想领域，绝不仅限于这几个具体的分支学科。文明秩序是一个整体性、立体性的现象，绝不是某一个具体的专业学科就能够作出有效的回应。因此，这套丛书将有意突破现有的学科界限，在跨学科或科际整合的方向上作出自己的努力。举凡法理学、宪法学、政治学、思想史，乃至于含义更为宽泛的政治哲学、社会哲学、国家哲学、伦理学、宗教学、人类学等等，都属于这套丛书的支撑性学科。这些不同的学科虽然各有旨趣，但却包含了一个最大公约数，那就是对文明秩序的探索；各个学科之间的根本性差异，就在于使用了不同的范式，关注并揭示了文明秩序的不同侧面、不同维度。

事实上，现有的体制性的学科划分并非“绝对真理”，它具有流变性与时代性，是特定的历史发展阶段的产物，很大程度上还是屈从于当代社会普遍盛行的“技术宰制”或“数字管理”的结果。不言而喻，在某些自然科学领域，特别是在某些技术领域，严格的学科划分当然能够产生积极的效应。但是，在思想领域，则很难得出同样的结论。因为，思想的本质，就是对边界的突破。没有对边界的突破，怎么会有思想？怎么称得上是思想？而严格的学科划分，其实就是高筑学科与专业之墙，其中所蕴含的隔离、阻挡与禁锢，恰恰背离了思想的本质。也许正是鉴于思想自由与学科壁垒之间所隐含的逻辑冲突，真正的思想者呈现给我们的，几乎都是善于打通学科界限的“通人”形象。中外历史上那些标志性的思想大家、思想名著，基本上都是跨学科的，都很难严格地归属于现行体制下某个具体的分支学科。

提倡以跨学科的方式汇聚法律思想、揭示文明秩序，不仅仅是出于对现行的学科划分体制的反思，更是为了回应当下的中华文明与世界文明发出的召唤。

就中华文明而言，出现于 19 世纪末期的“乾坤颠倒”、“三千年未有之大变局”，标志着传统中国的文明秩序已经趋于坍塌，由周公、孔子、董仲舒、朱熹等人建构起来的“文明秩序原理”或“文明宪章”也随之坍塌。20 世纪初期，随着孔家店的倒掉，在空寂的中华神殿上，来自异域的“诸神”先后登临。中华文明从此迈进了一个“诸神之争”的时代，文明秩序的终极理据长期得不到贞定，“泛若不系之舟”，文明秩序原理也就长期处于飘浮状态。

中华文明秩序的理据困境，正是世界文明秩序的缩影。而且，世界文明秩序视野中的“诸神之争”，其激烈程度，较之于中华文明秩序内部的“诸神之争”，有过之而无不及。当代人经常提及的“文明的冲突”、“起火的世界”，其实就是“诸神之争”在现实世界中的延伸与折射。

因此，无论是中华文明秩序的安顿，还是世界文明秩序的安顿，都必须首先面对“诸神之争”这个根本性问题。这个根本性问题的实质，就是解释系统之争，就是文明秩序原理之争，就是法律思想之争。这个根本性问题的解决，显然不能指望“快刀斩乱麻”。这个根本性问题的解决，是一个漫长的过程，既需要时间和耐心，更需要思想文献的不断积累与思想者之间的反复商谈。我们出版这套《法律思想丛书》，就在于为不同风格、不同背景的思想者提供一个相互交流的平台。希望得到学界同人的鼎力相助，希望各位读者不吝赐教，俾使点点滴滴的学思汇聚成为一条看得见的思想河流，以滋养中华文明，进而惠及世界文明。

喻中

2012 年 3 月

# 目录

希腊神话说，首先统治世界的是克罗诺斯——“时间”，这是没有道德产物的黄金时代，而且所产生的东西——“时间”的儿女——被它自食了。首先制止“时间”，并且使时间的消逝定下了一个目标的便是朱庇特——从他的头里跳出了密涅瓦——智慧女神（而在他周围的神祇中则有太阳神阿波罗）和九位文艺女神——缪斯。朱庇特是政治之神，他产生一座道德的工程——就是“国家”。

——黑格尔

请重视这些实体的全部意义！这么多俗世的和智识的独立共同体，每个都以它独自的方式由才智和道德力激发起来，不断发展，并且由这个世界的混沌之中的一种内在冲动朝前推向理想王国。请仔细考察它们——这些在其轨道、在其变动、在其星系中的天体！

——兰克

# 序言

明末，汉族王朝破败之际，黄宗羲写就《原法》篇，从王朝剧变中追寻天下兴亡之道，发“明夷”之忧，寄“待访”之愿。

清末，清王朝在西洋枪炮声中摇摇欲坠，严复翻译西方经典《法意》，求索强国富民之道，期望有朝一日终能“华夷同列”。

上下五千年，王朝变迁，庙堂内外皆议天下为公、匹夫之义，而每逢盛世王朝，“法”的音像却往往隐遁于无形。

文人墨士追忆往昔，长叹“合久必分、分久必合”，家国命运犹若青山绿水，亦如桑田沧海，华夏故事在一代又一代吟者的记述与歌唱中凝结为水墨画般的艺术现象，却极少条分缕析的、理论化的建筑形式。“天下之法”或“政制秉性”的言与行，在中华文明的恢弘大厦中始终未能成为担纲大任的拱顶石，却若一叶扁舟，随盛衰沉浮而时隐时现。

一位浸润于希腊智慧的古远的异域史家，在亲历势不可挡的罗马国势于地中海世界大举蔓延之后，以超拔的雄心为自己设定了一项空前的智识使命：探索是否存在超越时间限制的永恒政体。此前，希腊哲人亚里士多德曾提出了政体问题，但理论的探讨无法摆脱时间的魔爪，而罗马人似乎通过行动超越了时间的限制，对于波利比乌斯来说，希腊智慧必须直面这个问题，在理论中把握罗马的行动。而“政体”，原初的含义即为nomos（法），因此，问题可以进一步清晰化：是否存在凭之即能超越兴衰变迁的“法”？放置在我们的语境中，实际上就是一个熟悉的问题：如何超越漫长的王朝更替中的一乱一治？马基雅维利曾傲然宣称：“命运之神不过是一个女子，你想要压倒她，就必须打她、冲击她。”能否扼住命运之喉？对于我们来说，这首先必须成为一个理论问题，因为不得不承认，我们并不像罗马人及其后代那么擅长此道。

看起来这似乎是老生常谈，但旧调之中蕴藏着超时空的永恒关怀，因此即便是重弹旧调，依旧意义深远，甚至时至今日尤为迫切：我们必须在“崛起”的进程之中或者说在达到顶点之前严肃而诚实地对待“法”或“政体”，否则，也许很难走出历史循环的梦魇。

此时此地，就我们的学科而言，曾几何时，西学独大，甚至改造了传统之学。不过，这种独大的局面现今已不复存在，虽然翻译的思潮、观念依然保持了量上的增长，但真正精深的西学研究几乎陷于停滞：对西学典籍的译介已然大规模地让位给对西学典籍之解释的翻译；甚至相当多的西学研究者在研究尚在进行之中忽然转向了“国学”。这样的时尚背后是某种视阈的窄化。西学的确不正常地主导过我们的智识，但现在却走向另一个极端。从西学的宰制到冷静地面对再到以我为主的审视，或许才是一个健康的科学成长过程。拒绝完全西方式民主和宪政并不意味着放弃对西方法政之学的研究，更不表示我们要放弃对历史兴衰变化的历史命题的探索。我们的出路首先在于能够以我们的视角审视西方的宪政和民主，以我们的方式重写西方的法政之学。

本书正是这样一个尝试，作者并不是要在西方的思想史传统中再添上一部“异样”的法权思想史，从正文到附录，作者的努力都是要将“近代西方”还原为一个具体的现象，同时发掘其内在的真正“力量”，也就是说，作者始终致力于探寻近代西方强大的普遍性力量是如何形成又是如何安置的。

我们最先感受到的是“力”，枪炮的力量，科技的力量，“赛先生”彻底震撼了我们；回过神后，我们看到了“力”的背后隐藏着的“理”，制度的力量，民主的力量，“德先生”令我们向往。“力”和“理”正是中国与西方相遇百年来带给我们的最深彻的感触，二者势所难挡地向我们重压而来，犹如不可抗拒的命运，我们被迫处于“力”的支配下，亦由此不在“理”的适用范围之内，大动荡之后，我们成了西方法权关系中的客体。

恰从近代开始，西方史凸显为世界史、普遍史，其他民族逐渐沦为有待发现的传统社会、有待纳入世界历史普遍过程的被动的他者。也正是从近代开始，西方“法权”之神超越了某种神学的、宗教的、伦理的永恒秩序的含义来到了尘世。西塞罗曾说，苏格拉底将哲学从天上带到人间，然而哲人依然生活在城邦的边缘，与神处于同一位置；基督教依然没有改变这一点。只是在近代，神真正地入世了，新教改革以及马基雅维利引发的对基督教的批判彻底地将神性注入世俗行动中，不论是日常的“志业”，还是开创性的政治、立法行动。于是，世界范围内，一个基督教大团体迅速地扩张，世界以十字架的标记被划分。

权力曾经匍匐于深不可测的 nomos（法）划定的界限之内，卑微的人只能在神的律法中得到拯救。然而，到了近代，西方世俗权力突然变得狂暴不安，它开始无视古老的界限，甚至肆意打破古老的戒律，进而变得无所顾忌，它试图自己确立法则，古老的理性法则成了意志的自我立法，奴仆俨然占据了主人的位置。权力获得了神性！

不过，这个基督教大团体的内部并非处处洋溢着兄弟之爱，举凡宗教的存在，必然伴随宗派的分裂和斗争。此时的基督教正经历着来自内部的最严重的分裂和冲突，因此，内部的权力需要一个妥善的安置，亟待一个理论发明，这就是天才的法学家、历史学家博丹阐发的“主权”概念。这一概念的威力，只需提及 19 世纪几乎所有民族都在用这个概念来自我定位，便可领略一二。“主权”可谓是西方近代法权思想中最重要的概念，是一个名副其实的法学概念，它塑造并描绘了现代的世界秩序，民族国家、主权国家、民族帝国、现代帝国，一切现代国家形式俱由此决定，它粉碎了一切古老帝国的秩序，并永远地改变了这些帝国，在其身上不可逆转地打上了自己的鲜明烙印。

从一开始，主权天生地从属于基督教大团体，这个团体的内部成员均为独立的主权国家。国家之内，是由主权主宰的国内法，而主权国家的成员之间的规则即是国际法。在这样的国内和国际法的平台之上，没有那些基督教团体之外的诸民族，基督教团体之外只是尚待探索和瓜分的领域。在某种程度上，存在着无垠“新世界”以供瓜分，恰是西方国家实现其自由民主制的充分条件，这也是近代西方普遍性的“理”与“力”的本来面目。

然而，我们是否只是将西方法权还原成为某种打着“绝对真理”旗号的“强权话语”，其意图只是在于更娴熟地掌握这种将特殊性论证成为普遍性的推理技巧？是否只是要么接受西方的强权，要么自己成为西方式的强权？我们是否不过是在推崇丛林法则？德意志法学家卡尔·施密特的大地法，洞察到了近代西方法权在其开端之处的食人生番的本性，并试图凭借技术，让德意志确立超越大地法的新秩序，然而，德意志在这条道路上重重地摔倒，跌得头破血流。

恰恰是德意志民族在理论中最深刻地考察了近代法权秩序，探测到了最隐秘的根基，并试图立刻付诸行动。然而，德意志道路的坎坷是否暗示着近代西方的 nomos（法）需要更严苛的检讨？

我们的力量因何而积聚起来？我们的力量又如何安置？我们是否存在打破循环的原法？进一步，我们的原法是否能够超越丛林法则？

我们再次玩味黄宗羲的《原法》篇：

三代之法，藏天下于天下者也，天下之人不见上之可欲，不见下之可恶，法愈疏而乱愈不作，所谓无法之法也。

后世之法，藏天下于筐箧者也，天下之人共知其筐箧之所在，吾亦鳃鳃然唯筐箧之是虞，向其法不得不密，法愈密而天下之乱即生于法之中，所谓非法之法也。

20 世纪 70 年代，英国广播公司延请著名学者雅各布·布洛诺夫斯基为一套以人类认识史为主题的大型电视系列片《人之上升》撰写解说词，系列片播出后轰动一时，雅各布·布洛诺夫斯基在此基础上以“人之上升”为标题写作并出版的专著同样获得极大成功，其影响跨越英伦，处于新一轮启蒙时代的无数中文读者亦从该书中无限受益。雅各布·布洛诺夫斯基以极其宏大的笔触展现了人类的知识和艺术成就，并将人类对宇宙自然之认知的漫长进步历程比喻为“人类智慧的常春藤的攀援上升”。本书着重探讨人类的法政事务和共同体发展的内部结构以及对之进行反思的观念成果，笔者着意以“神之下降”为题，既有取义黑格尔之“国家是神在地上的行迹”之考虑，又期待能与《人之上升》一书为对照，在与人类的文明升华相对或相应的另一种视角下探寻人之境况的安置。

谨将本书献给我至亲至敬的父母，感谢多年来他们为我的默默付出。西北师范大学“知识与科技创新工程”项目始终关注拙著出版，特此致谢。

感谢苏婉儿博士，你的支持让一切言辞显得苍白。

曹明

2011 年春于兰州

# 导论

## 一

《神曲》结尾处，诗人但丁在天堂里心满意足地独自冥想上帝的奥秘；而在《失乐园》中，约翰·弥尔顿描述了人类被逐出乐园的情形之后，以这样的诗行结束他的“清教之神曲”：

> 他们回头引望乐园的东边，
> 这曾是他们快乐的住所，
> 现在已被燃烧的火炬所淹没，
> 门前遍绕可怕的面孔与火灼的武器；
> 他们不觉掉下眼泪，但随即拭去；
> 整个俗世横在他们面前，那里他们可以寻找
> 安息之处，并以神的意图为其引导。
> 他们手携手，慢移流浪的脚步，
> 告别伊甸，踏上他们孤寂的路途。①

---

① 此处译文参考了朱维之的译文，并结合英文本稍有改动。参见：〔英〕弥尔顿：《失乐园》，朱维之译，上海译文出版社，1984 年版，第 479—480 页；John Milton，*Paradise Lost*，in twelve books，James R. Osgood and Company，1877，Cambridge University Press. p. 331.

这是近代西方人处境的象征：他们被逐出了“天堂”，孤立无援地来到了尘世。把中世纪的世界视为天堂，在后来人看来，这种认识无异于下里巴人用自己的村野印象来描述和想象远未见过的皇宫宝殿，因为后来人即使承认把中世纪贬斥为“黑暗时代”是仓促而欠妥当的，公允一点儿的看法也不过是将这个被当时人誉为“天堂”的时代当做古典政治文明通向现代理性国家的一个中介和过渡。然而，就当时人的政治生存体验而言，中世纪的世界也许的确是“天堂”。当罗马帝国被蛮族入侵的汹涌浪潮淹没之后，西欧大地一片漆黑，文明奄奄一息，唯一存活下来的火种就是基督教，古典文化只有在教会中才得以保存，也只有宗教恒久的耐性才能够驯服和滋养野蛮人粗砺、狂躁的灵魂。教会甚至承担起重整秩序的重任，这是一个艰苦而漫长的历程，也正是封建秩序起源、发展、确立的过程，犹如法国历史学家基佐所言：任何地方野蛮状态一停止，一切事物就采取了封建的形式。曾经的统一性、普世主义彻底消失，代之而起的是许许多多地方性的、彼此各不相关的小型社会的出现，以至于帝国夕阳下的诗人们会哀叹世界末日行将到来，殊不知这恰是全新的开端，一种封建性的社会、政治、法律秩序登场了，而且自诞生之日起，这一全新的秩序就被基督教笼罩上了一层神圣的表象。

封建秩序本质上是庇护—服从关系，以严格的等级分类和递进的等级序列为表现，法律术语则表达了这种秩序的结构和关联，政治体也因之被安置在一种多元的、等级森严的法权体系中。中世纪的政治思想中“等级”意识根深蒂固，“等级”概念并不等同于也不局限于阶级，等级区分渗透到几乎所有的社会礼仪、所有职业和团体中。比如，有政治的等级，也有商业的等级、婚姻和贞洁的等级、罪孽的等级，宫廷中还有“身与口的四等级”（指面包总管、司酒者、司肉者和厨子）等。而基督教统一了这个术语的不同含义，将这些分散的等级体系综合在一个大全中，使人们相信这些分类中的每一种都代表着神的创造，都是上帝创造的有机世界的一分子，它们构成了一个实在的统一体。

在基督教的视野里，社会、政治秩序不过是对一个更大的等级秩序的模仿，一切秩序已由上帝安排妥当，人所要做的只是去发现这一秩序，同时，人又是这一大全秩序中的一个等级，因而，政治秩序最终还是要归属于大全的秩序或“存在的链条”中，由此，人世中的秩序就如存在的秩序一样，都是神圣而令人崇敬的。社会领域中的各个等级是通往永恒王座（the throne of the Eternal）的阶梯，每一等级的价值并非体现于业绩，而是体现于尊贵，也就是体现在该等级与最高位置的接近程度上。皇帝位于政治秩序的最顶端，他并不只是一个政治等级，也代表了一种超越的立场，从而是各个等级的保护者和裁判者，至少在名义上如此。与罗马帝国皇帝权力来自人间截然不同的是，此时皇帝的渊源不再存于尘世，相反，他是上帝的形象、代表和代理人。

这一神圣秩序无疑带有观念主义的色彩，它是某种精神力量的产物，得益于基督教教义的某种建制力量，而这种建制力量的源头又全然是人的信念、道德和情操，事实上，观念主义的神圣秩序在实践中从未完全实现。不过，经过近千年的经营，基督教学会了操纵这一套秩序，教会逐渐适应了封建社会的特色，将自己镶嵌在各个封建政治体中，又通过“授职权”的方式攀登到政治等级秩序的顶端而出现在皇帝的身边，它甚至比帝王更靠近上帝，更接近君权发轫的根源，它掌握着上帝的形象，因为它是上帝意志的阐释者，它能判断什么是正义。这是罗马天主教会的杰作。然而，尽管这一神圣秩序呈现出辉煌而庄严的景象，在这一光鲜的外壳的下面，却涌动着政治的、地理的、种族的、语言的、风俗习惯等多方面的异质因素。随着时间的推移，这一外壳不断地被涂蜡粉饰，看似越来越诱人，但是它的养分却逐渐枯竭，终有一天外壳会破裂，而内部的一切因素已经孕育了足够的力量，等待时机破茧而出。① 终于，在16世纪上半期，西欧的一场大地震从一位德意志僧侣寄住的修道院引发，其蕴藏的巨大能量一直扩展开来，不仅改变了欧洲的秩序，而且影响了世界图景的走向。

中世纪的政治理论继承但又在很大程度上改造了罗马的帝国观念，而近代

---

① Otto Gierke, *Political Theories of the Middle Age*, Cambridge university press, London, 1900, p. 4.

之“法”（recht/law&right）① 变首要的表现就在于“国家”（state）替代“帝国”（empire）而成为法学构造的基本概念。政治体的存在也是一种伦理性存在，都有其独特的伦理属性，需要在精神上得到妥当的安置，反过来，任何政治体的伦理观念也都与一个既定的、具体的政治体相伴而生，一旦某个政治体丧失信誉，那么支撑其存在的伦理观念也会陷入丧失信誉的境地。正如卡尔·施密特所说，一种政治形势的变化可能会导致一种政治设计的变化，也就是需要用一种特定的合乎法权的意义、一个合法性原则、一系列完整的法律概念和术语来说明这种形势的变化，这不仅是“意识形态”的需要或单纯的宣传战略，更是源自一个朴素的真理：人的一切活动都带有某种精神性品格，政治从其本性上绝对不是非精神性的东西。② 政治、法律秩序不过是人们的精神观念的表达。法权是一种观念，也是一种制度，观念为制度提供了合法性的基础，而制度恰是观念的固化。马克思曾颠覆性地认为，法权是经济生产方式的附属品，不过是某种对生活本质的掩饰和美化，但问题在于，精神的次生性无力解释实践行为的开端，事实上，即使精神无法驱动整个社会的前进，它依然能够引导和指明社会前进的路途。作为观念的法权乃是政治实践的路标，因此，如果“帝国”已从圣座上倒塌下来，一场法权拯救行动必须进行；而新的政治体“国家”也必须寻求自己的合法性。

马克斯·韦伯曾指出，只有罗马发展出了理性的法律并在整个西方得以维持，也只有在西方，人与神的关系才以一种特殊的方式变成了一种可依法律界

---

① 这里，“法”或“法权”（rrecht）是一个德语词汇，笔者在本书中会经常提到“法权”或者“法权秩序”（有时鉴于行文需要也会称为“法”），是因其包含了远比实证法意义上的“法”、“法律”、“权利”等术语更为丰富的含义，更为准确地表达了笔者在本书中关于法的界定。更深层的原因在于，德意志民族的近代处境促发的对政治变革、合法性构造的思考更符合汉民族在近代以来必须面对的处境。语言，甚至和一个民族的政治处境有关。法权这个术语没有相应的英语词汇，它同时包含了“right”和“law”两个术语的含义，既有“正当、正确、合法、权利”的含义，又有“法则、法律、规定”的含义，既有主观意图又有客观表现，这也许和德意志民族一直面临着一个思想与现实统一的问题有关，而英格兰从不曾出现过这种问题。

② 参见〔德〕卡尔·施密特：《论断与概念》，朱雁冰译，上海：世纪出版集团，2006年版，第163页。

定的从属关系。① 天主教会将西欧彻底基督教化，所凭借的无与伦比的力量正是古罗马法律技术结合了条顿人杀人偿金的观念而形成的一种史所未见的告解与忏悔体系。如果说，罗马法是近代法学的父亲，那么，天主教会就是近代法学诞生的母体。欧洲法学一度寄住在罗马教会之中，在教派内战之后离开了母亲的身体，寻找到了一个新的寓所：国家。犹如卡尔·施密特所说，法学退出了教会，但并没有重新回到古老的圣山，相反，而是进入了世俗的地带，它们在撤离时或明或暗地带走了一些圣物，并试图以这些源于教会的仿制品来装饰国家。② 这多少也反映了德国历史学家兰克的看法，即近代以来，人的道德和智识事业的一切源头无不在于一种人和上帝以及神圣之物的深刻联系之中，如果一个国家要与其名称相匹配，或者要寻求伟大之名誉，那就必须时刻被宗教观念纯化和教导。③ 寻找国家合法性的一切努力首先都是向过去回溯，因为时间提供了对国家最有力的确证。西方近代国家的兴起同样是通过重新阐释过去而正视现在并走向未来的，但面对宗教的过去，这种为着当下合法性的重新阐释却导致了一种方法或者方式的根本变革，即极其坚决和激烈地主张“理性”和“信仰”的彻底决裂。因此，近代西方国家法权秩序的演变在某种程度上成为一个“祛神化”的过程、一个“理性化”的过程。当然，是否能够真的彻底决裂、真的完全“祛神化”是一回事，但意图如此又是另外一回事，一种哪怕是错误的观念也能发挥切实的历史作用，甚至也会生产和组成文明的内容。

## 二

为了探究近代国家的法权秩序以及法权观念的演变，本书将在特定的历

---

① 〔德〕马克斯·韦伯：《宗教社会学》，康乐等译，桂林：广西师范大学出版社，2005年版，第220页。

② 〔德〕卡尔·施密特：《论断与概念》，朱雁冰译，上海：世纪出版集团，2006年版，第358页。

③ Leopold Von Ranke, *History of the Reformation in Germany*, Translated by Sarah Austin, Vol. 1, London: Longman, Brown, Green, and Longmans, Paternoster—Row. 1845, Introduction, p. 1.

史、地理、政治背景之中研讨法权现象：以16世纪上半期路德引发的宗教改革为起点，至18世纪末、19世纪初期法国大革命及其后续事件如1806年神圣罗马帝国的灭亡——这一事件标志着政治合法性上神的形象的最终退场；地理范围则限制在西欧，主要指拉丁—日耳曼地区，尤其以英格兰、法兰西、德意志为主体，附带提及意大利；① 政治背景是英格兰、法兰西和德意志各自不同的民族国家的发展道路。在这三维背景中，笔者着力考察的是曾深刻反思和洞悉当时的观念、制度和政治形势的思想家们，以思想家们智识的发展轨迹作为线索，并结合具体历史情境予以评析。

首先探讨新的法权秩序的缘起和开端。罗马天主教会小心翼翼地维持着一个基督教世界秩序，凭借着灵魂救赎的教义和高超的建制技巧，天主教发展成为一个庞大的教会组织，这是一个包含了君主制式的教皇、贵族制式的主教以及民主制式的教区会议的组织，介于灵性和世俗之间，或者说在灵性和世俗之间游刃有余地穿梭。笔者认为，路德阐释的新教教义和博丹的主权理论从根本上变革了这一神权秩序。马克思曾认为：路德解放了教会中的僧侣，但是将所有的人变成了僧侣。天主教会凭借精神掌握了世俗的权力，路德则彻底地使精神和权力分立，"因信称义"是路德的核心主张，灵魂得救不再依赖于教会组织，救赎之道就在每个人的内心，唯一的权威乃是《圣经》，既非教会，也非教皇。教会从此在政治秩序中丧失了合法的正当地位。

如果说，路德将教会消解于一种新的教义中，博丹则在政治理论中重新规划了政治秩序，一个新的政治场域建立了起来，在基督教世界内部划定了新的政治界限，这个界限结合了君主的势力、地域的特征、文化的归属等，不过政治界限是最重要的。博丹之所以是真正的法学家，在于他赋予新的政治体以新的法权秩序，即"主权"理论，主权是法律秩序的创造者，也可以中断法律

① 笔者之所以没有将西班牙包含在内，理由之一是：西班牙虽然经过费迪南德和伊莎贝拉的联姻具备了民族国家的雏形，但在16世纪中期开始的时候，却被包裹在一层帝国的面纱之中，查理五世还在梦想着一个中世纪帝国的实现；理由之二是：西班牙在走向近代国家的过程中，经过与英格兰海上争霸的殊死搏斗，以无敌舰队的毁灭为标志，逐步沦为西欧的一个二流国家。

秩序。不过主权并不是赤裸裸的权力，博丹巧妙地将各种传统的合法性要求如上帝的意志、异教的德行、政治体的目的安置在主权的背景中。

宗教改革引发了基督教世界的分裂，演变为一场大规模的冲突和战争，霍布斯深入思考了宗教冲突和主权国家的兴起，试图确立一种以和平为根本目的的政治、法律秩序。霍布斯在某种程度上推进了宗教改革，批判了教会的一些教义主张，将其贬斥为“黑暗王国”，试图以理性的清晰荡涤教义的混乱和模糊，最终仅仅保留了一个基督教的基本教条：耶稣是基督。霍布斯在拒斥了依据上帝的意志从上而下构造政治秩序的传统方式之后，选择了社会契约论的方式从下而上将政治权力聚合在“利维坦”的主权之下，公民个体作为社会契约的缔结者，以个体的自我利益为最大旨归。在塑造新的“公民”的时候，霍布斯展现了彻底的近代世俗精神，这也是近代自然权利学说的缘起。

从教义之争、信仰之争中退出，人们惊喜地发现了理性的中立更容易达成一致，同时理性似乎也预示着乐观的前景，以科学的方式解决政治、社会问题成为一种竞相效仿的途径，政治权力与技术、商业逐步联姻，社会财富急剧增加，政治权力也在逐步集中，尤其以法国路易十四的专制主义为代表，人们陶醉于以物质享受为导向的现代文明中，颂扬君主、赞赏法则，肤浅地满足于一种神义论的变形：自然神论。就在这一片歌舞升平中，一个忧郁而愤怒的先知发出了预言，卢梭洞察到了科学方式解决政治问题的缺陷：社会的道德在急剧地堕落。从早期的《论科学与艺术》、《论人与人之间不平等的起因和基础》一直到《爱弥儿》、《社会契约论》，卢梭表现为现代性的批判者，他试图改造现代社会，或者说，他试图成为一个新社会的立法者。在不断深入思考的过程中，卢梭引入了一种社会神义论，借助于基督教教义对人性的深刻洞察来恢复人的道德良知。社会神义论实际上就是历史救赎论的变形形式，人的得救部分地被转变为在此世而不是彼世完成，只不过不在当下，而是在人类的未来。

卢梭导致的改变是彻底的，他的批判既带有神学的色彩，又吸收和推进了霍布斯创立的近代自然权利和社会契约论学说，他试图在现代的条件下重建古典德行，在他的著述里，到处充满着紧张、对立，但其思想的深度则在于他体察到了西方文明的根基。对于法权秩序的变革，卢梭的重要性是不可忽视的。

在路德和博丹那里，政治权力合法性的渊源从来都是自上而下、从高到低的，霍布斯把政治权力最终集中于专制君主的手中，他最赞赏的也的确是君主制，利维坦是一个政治体的神话，在其背后依然保留了基督教神学的色彩，不过霍布斯同时又将政治体的基础奠定在个人主义的自然权利上，因此，霍布斯尚处在一种过渡的阶段，而卢梭则以“公意”的形式彻底代替了古老的神义论和君主制，这是西方法权史中最具革命性的转变。古典的“理想国”与现实政体有着不可跨越的鸿沟，基督教的上帝国和尘世国家更是恍若隔世，而恰是理想或者观念状态的极端高远与玄妙，永恒地确立了对于现实国家和制度的至高无上性，这既是一种正当性的指引，也是合法性的赋予。而在卢梭这里，天上与地下、彼岸与此世无法找到明晰的界限，无可分离地混合在一起，融合在神秘的公意中，等待着在历史时间长河中发生某种辩证的转变。从此正当性只能自政治群体本身去追寻，理想就在社会的某种原初状态中，而合法性论证也只能是自下而上的。

康德将卢梭富有激情的控诉转化为清晰和冷静的说明。他的巨著《纯粹理性批判》在某种程度上是对近代科学与政治之关系的总结和反思，科学期望能够以对自然的征服、对欲望的满足缓解政治争斗以及某种程度上由此而导致的宗教斗争的严酷性，但人们很快发现，财富的增长无法满足欲望，争斗依然不休，而德行更是一落千丈，科学并不是政治的根本解决方式。正是基于此，卢梭才在社会、政治领域重新引入一种神义论，但卢梭并未反思科学本身的问题，没有洞察到科学本身的界限，也未曾厘清科学领域本身充斥着的无尽混乱。理性曾被寄予厚望试图平息观念之争，但这不过是一厢情愿的美好希望，各种怀疑论和独断论纷繁出现，康德的《纯粹理性批判》试图对这种状态作出根本的改观，将一切事物都诉诸彻底的批判，建立理性的法庭，以确立一个最终的权威。

《纯粹理性批判》是一部立法之书，首先是对自然立法，由此澄清了科学的界限，从而将科学对道德、政治领域的僭越排除在外，厘清“恺撒的归恺撒”之后，余下的自然归上帝，因此，这部立法之书在某种程度上也是对道德的立法。康德吸收消化了卢梭的“公意”概念，将其提炼为“普遍法则”，此法则既是道德律的表现形式，也是实证法律规则的真正合法形式。在卢梭那里，还无法确信一定会实现“公意”的政治、法律秩序，人道乃是历史偶然的产物，但到了康德那里，这种秩序的实现是被确证了的，是科学，具体地说是康德的道德形而上学。康德并未指出在人类未来的哪个时段会实现这种秩序，但是历史昭示能够实现，“天意”保证了这一点。我们看到，康德主张彻底的理性批判，却又在历史中寻求天意的保证，这是颇具忧郁色彩的理性乐观主义。最终，历史中存在终极的法制状态与现实的偶然两个极点，国家法权秩序就是摇摆于这二者之间的钟摆，这是西方近代法权的最宏大图景，也是西方近代法权观念嬗变的逻辑后果。意志从古老的秩序和神圣的存在链条中突破出来，经历短暂的乐观之后，重新寻求自身的理性化，最终成为普遍性的理性命令。

然而，正当性的要求无法满足于普遍性和偶然性之间的摇摆不定，对于这一宏大图景的瓦解也许在康德的忧郁中已现端倪，康德对于法国大革命的态度是复杂的，他从中看到的只是人们的某种道德禀赋，并以此为据构思人类进步、永久和平以及现代世界的基本法权秩序。而伯克则凭借着英格兰民族的政治禀性坚决地拒斥法国大革命的精神，反对彻底、激进的革命，他依托英格兰的宪制，坚决批判了启蒙理性的虚妄要求，诉诸下界的“上帝”——审慎，诉诸传统，诉诸习俗，诉诸一个民族最古老的遗产。在德意志的思想王国中，黑格尔已经看穿了启蒙思想的抽象性。此时的黑格尔正处于构思哲学体系的耶拿时期，在法国大革命引起的亢奋和德意志政治落后导致的愤怒中备受煎熬。他试图在历史中寻求一种具体的民族精神，吸收古典德行和基督教的内心自由以弥补启蒙理性的缺陷，将这些混合元素概念化、体系化，并试图凭借这种新的精神锻造新的德意志肌体。黑格尔说，法权是神在地上的行迹，这神在某种程度上是日耳曼民族的伦理生活。近代之初基督教统一世界的唯一神逐渐消逝在各民族历史的背后，诸神的时代来临。

# 第一编 新法权秩序的开始：宗教改革和主权国家

## 一、背景：罗马天主教会的法律拟制

中世纪末期，罗马帝国曾经的辉煌早已是记忆中的余晖，天主教凭借对人性的深刻洞察和高超的政治技巧竭力维持着这个帝国虚幻的影子。基督教世界呈现出一片交叉重叠的奇异景象：权力要寻求属灵秩序的支持，精神却不断追逐形而下的世俗利益；恺撒的不再归恺撒，彼得的也没有归彼得；精神之剑和世俗之剑血刃翻飞、相与争锋；皇帝或许虔诚笃信，主教也能列阵迎战。罗马教会占有着可以撬动整个西欧世界的阿基米得点，教皇的三重冠要求，几乎成为操控皇帝、北方各族的国王及诸侯的隐而不见的命运之线。

罗马教会因而是西欧各族走向近代国家过程中必须挣脱掉的精神之轭，只不过各族不会遵照相同的方式而成就自身。英格兰占尽天然的地理优势，僻处海岛一隅，辅以国王亨利八世个人的淫逸情欲，配合伊丽莎白女王的纵横捭阖，很早就斩断了由罗马所牵制的命运之线而独步西欧乃至全世界；法兰西人有着复杂而又浅薄的情趣，他们从来就不会严肃而深沉地看待精神的事情，约略从国王路易十一开始，法兰西民族的王国权力就开始逐步甩开罗马教会甚至不断将教会的事务纳入国家权力之下；唯德意志人却像命定一样地始终在精神和权力之间纠缠不清、摇摆不定，罗马城的诱惑似乎只对德意志人才散发着不可抑制的挑逗性，几乎每一个德意志的皇帝都忍不住要朝圣罗马，意图带上神圣帝国的光环，虚无的目标总是瓦解和耗损着这个民族肌体内孕育出的权力冲动，而权力冲动的枯竭也就是民族发展契机的消失，当英格兰和法兰西民族都在向统一权力迈进时，德意志的政治版图却日益支离破碎。

地理是历史展开的具体场域，如果说英格兰得益于海岛的独立而保证了外在的统一，法兰西凭借巴黎盆地的完整而保证了政治边界的稳定清晰，那么，天然的地理条件则未曾赋予德意志人任何有利的统一因素，德意志位处中欧腹地，边缘地带始终交错差互、变动不明，① 德意志的外在统一不得不首先依赖于精神上的强大力量。因此，在某种程度上，英法两个民族脱离罗马天主教的方式是世俗的，而德意志的方式则是精神的，就如海涅所看到的："自从路德在帝国议会上否定了罗马教皇的权威并公开宣布说'人们必须用《圣经》里的话或用理性的论据来反驳他的教义'以后，德国开始了一个新时代。圣博尼法茨把德国教会束缚于罗马的那条锁链被斫断了。"② 路德是典型的德意志人，路德的宗教改革也是脱离罗马天主教的典型的德意志方式，这种方式的独特性及其深刻影响只能从德意志这片土地以及德意志人本身出发才能捕捉和把握。

宗教改革使罗马教会失去了半个基督教世界，一度在神圣的旗号下维持着罗马帝国虚名的普世性世界终于出现了难以弥合的断裂。从内心的信仰、人性的态度到世俗的秩序、世界的支柱，无一不发生根本的分裂并转变为不可调和的斗争，可以说，近代政治和政治学说的发展、法权秩序的变革，其根本的动力都源自这一巨大的分裂和斗争。

必须从基督教的社会学以及法学的概念入手才能理解路德的宗教改革以及由此引发的分裂及其后果，因为基督教世界的法权秩序始终乃是基督教的社会

---

① 日耳曼人长期处于与斯拉夫人以及拉丁民族之间的生存共建冲突中，这也是德意志作为一个民族不容易走向统一的重要因素。参见李工真：《德意志道路》，武汉：武汉大学出版社，2005 年版，第 1—3 页。

② 〔德〕亨利希·海涅：《论德国宗教和哲学的历史》，海安译，北京：商务印书馆，1974 年版，第 40 页。

理想及其概念的逻辑结果。① 就原初意义而言，基督教仅仅是一种观念：一位神允诺了一种救赎，提供一种恩宠，调解和规范人生之意向和行动。就道德、政治以及法律的内涵而言，基督教观念的社会理想是一种具有虔诚信仰的极端宗教个人主义，这是对一位超越此世的创造者的完全奉献，要求在内心深处完全地皈依，以道德的顺从精神献身于上帝。由此，个体本身被赋予神性，得到了升华，个体的存在是一种灵性的存在，个体因之被赋予了形而上学基础，并成为不可摧毁的基础，这也正是西方个人主义最坚硬的内核。

本来在尘世中卑微的个体只是在承受着无穷无尽的苦难，但在宗教观念中，个体全方位地被纳入上帝的意志，这不仅完成了个体的凝聚和升华，而且，个体与个体之间的关系也完全得到了改观，一切个体通过依赖于上帝而具有亲和性，凭借上帝相遇、相知；通过这一超越人性的中介，一切寻找人性中的对立、竞争、自利和自我中心全然消失，变成了秉承上帝意志的互爱关系。这是一种新的社会关系的构造。

由于上帝的高超深远，与现世的鸿沟越大，作为一种观念影响现实的力量则越大，这一点基督教继承了犹太教，《新约》中的耶稣继承了《旧约》中的上帝观，他自然认同与此世隔绝的上帝，认同上帝创世观，以及人们在民族或上帝国中结合成一体，只不过基督教远远超越了犹太教坚守唯有犹太民族才是上帝的挑选这一信条，成为真正普遍性的教义，耶稣思想体现的是一个由凭借

① 关于基督教的社会哲学思想研究，这方面的权威当属德国学者特洛尔奇（Ernst Troeltsch），他的大作《基督教社会思想史》至今无人超越。对于特洛尔奇的研究，汉语学界熟知的权威专家马克斯·韦伯也叹服不已，本来韦伯曾计划写作一部基督教的社会历史研究，但得知特洛尔奇已经开始撰写类似的主题，担心有可能导致重叠研究，遂转向世界宗教之比较研究。参见〔德〕马克斯·韦伯：《新教伦理与资本主义精神》，康乐等译，桂林：广西师范大学出版社，2007 年版，第 190 页，注释 137。对于特洛尔奇的这一大作，国内尚无完整的译本，笔者主要参考英文翻译本：Ernst Troeltsch，*The Social Teaching of the Christian Churches*，Translated by Olive Wyon，London，1931. 还有一本刘小枫先生选编的特洛尔奇文集，〔德〕特洛尔奇：《基督教理论与现代》，朱雁冰等译，北京：华夏出版社，2004 年版。

上帝而存在的灵魂建构成的超世俗的爱的国度。①

在这种国度中：

> 法律、权力和暴力无用武之地，因为建立在个人团契感之上的团结战胜了通常的对立和僵化。它尤其使灵魂从占有和享受嗜欲中解脱出来，使之知足寡欲、淡泊名利，乐于无条件地互相帮助和互相倾诉心曲。耶稣的教训表明，他深深地感觉到这理想与世界上一切习俗和要求的对立。他认为，要完全实现这理想，只能等到建立起一个新的世界秩序。那时候天父以其圆满的神力建立起上帝国，宣布上帝意志充分实现、胜利统治时代的到来。在此之前，他的信徒们只能悄悄地集合称为教会，期待着上帝国的来临，尽可能在教会中和世俗社会中实现着上帝意志。②

这样一种社会观念对于任何既定的政治秩序来说都是不相容的，这也注定了基督教的兴起、发展必然面临着来自政治权力的压力，甚至会导致其本身的消亡，但是基督教却展示了极大的生命力，这源于它针对外部“世界”作出的灵活应变和教义的弹性解释。之所以能够做到这一点，首先是因为有这样一个前提性观念：基督教发展出了所谓的基督教自然法，而这又是吸收了斯多亚自然法的观念的结果。③ 这种法律观念在古典的政治世界中保持了对政治权力的敏感，从古罗马的政治智慧中汲取了养分。

斯多亚派本身和基督教产生的时代类似，是随着古代政治伦理的崩溃而产生的普遍化的产物。自然法，或更准确地说，从中产生一切法律和社会准则及其制度的道德的自然律概念是斯多亚派的一个创造。斯多亚派从对统治这个世界的法则的一般观察中推导出这个概念，并将其奠定为社会伦理的准则，这种

---

① 〔德〕特洛尔奇：《斯多亚——基督教的自然法与现代世俗的自然法》，刘小枫主编：《基督教理论与现代》，朱雁冰等译，北京：华夏出版社，2004 年版，第 72 页。

② 同上注，第 74 页。

③ Ernst Troeltsch, *The Social Teaching of the Christian Churches*, Vol. 1, Translated by Olive Wyon, London, 1931, p. 160.

伦理准则取代了各种习俗，被赋予神圣理性的个体替代了城邦和国家。以此设计的人类社会是由自由的、服从神圣法则的、不受本能欲望支配的人组成的群体，这是一类新的人类共同体，体现了神圣自然法对一切人的统治，这是绝对意义上的自然法。同时斯多亚自然法也保留了足够的弹性，前述的理想状态只在人类原初的黄金时代得到过实现，人的情欲、统治欲和占有欲对此构成了障碍，所以，必须寻求某种能够照顾现实但又尽可能确保其理想的手段。在这一点上，斯多亚自然法对于人事的判断是审慎的，所以，必须为此建立一个有秩序的政权，作为实现一种向理想状态过渡的手段，此所谓相对自然法，这也提供了政治权力的合法性。①

只要基督教面临着来自政治权力方面的压力，需要维持自己的生存，就必须作出调整来适应整个现实的社会状况，必须从总体上使“教会”的组织原则和当时的社会法律秩序相适应，或者说必须建立某种“法权秩序”的学说，这正是当时的护教论者作出的巨大贡献，他们将基督教的伦理和斯多亚主义糅合在一起，首先使得上帝之国的法度能够和尘世之国的法律相互协调。②

最终，基督徒接受了斯多亚派对一个与他们自己的问题如此切近的问题的处理方法——尽管其间存在着种种差别：

基督徒认为，上帝的儿女们和无条件的挚爱共同体的自由理想与斯多亚派的绝对自然爱能够无二致；就像斯多亚派认为，这种理想只有在原初人类的黄金时代才能实现，基督教相信它只有在伊甸园中的人类始祖身上方曾彻底实现。斯多亚派认为的理性对本能生活的支配，以及关于平等和自由的个人在神

① 〔德〕特洛尔奇：《斯多亚——基督教的自然法与现代世俗的自然法》，刘小枫主编：《基督教理论与现代》，朱雁冰等译，北京：华夏出版社，2004 年版，第 78 页；亦见：Ernst Troeltsch：“The Ideas of Natural Law and Humanity in World Politics”，edited by Ernest Barker，*Natural Law and The Theory of Society*1500 *to*1800，by Otto Gierke，with a lecture on The Ideas of Natural Law and Humanity in World Politics，by Ernst Troeltsch，Beacon Press，Boston，1957，p. 205—206.

② Ernst Troeltsch，*The Social Teaching of the Christian Churches*，Vol. 1，Translated by Olive Wyon，London，1931，p. 150.

的律法中达到的亲密关系的学说，本质上似乎与基督教的神圣化和爱的教义完全相同。基督徒同样能够接受斯多亚派关于相对自然法的学说。斯多亚派认为，统治欲、自利和占有欲破坏原初的和谐、平等和自由；而基督徒从《圣经》中了解到，堕落来源于人类的原初罪恶。从堕落中必然产生劳作，随之产生财产，以及婚姻和家庭秩序。……在斯多亚派中，理性将新的社会制度改造成为纪律、秩序和道德工具，在基督教中，上帝通过把原罪产生的罪恶转化成惩罚和救治原罪的手段，从而战胜罪恶。①

但基督教绝不仅仅止于吸收了斯多亚伦理，基督徒不同于斯多亚派的关键之处在于能够从这种观念的内容拟制出具体的社会建制形式，而斯多亚派只能落实到斯多亚贤人式的个体，② 基督徒拟制出教会这一超个人的组织。

任何教会的形成，都是基于对某种权威的内心信仰和奉献，基督教会首先乃是上帝的信徒们的团契组织，其维持依赖于韦伯所说的“卡理斯玛”（Charisma）权威，但是基督教会的独特性在于逐步地使这种权威“即事化”，即非个人化，也就是说，卡理斯玛逐步与人相分离，而与制度相结合，这正是韦伯所说的“制度恩宠”③。

基督教的“教会”就其社会学上的意义而言，是不同于“教派”的，教会自视为永恒的救赎财的管理人，就像某种信托基金，可以提供给任何人。它不是一种依据个人的信仰可以选择加入或者退出的组织，也不是一个社团，而是人们生来就在其中，它的宗教纪律是所有的人都要遵守的，即使对那些反对

---

① 〔德〕特洛尔奇：《斯多亚——基督教的自然法与现代世俗的自然法》，刘小枫主编：《基督教理论与现代》，朱雁冰等译，北京：华夏出版社，2004 年版，第 79 页。

② Peter Roots，“The Stoic Sage and The Decline of Stoicism”，http：//www. ancient-worlds. net/aw/Article/497576. 录于 2006. 10. 12.

③ 〔德〕马克斯·韦伯：《宗教社会学》，康乐等译，桂林：广西师范大学出版社，2005 年版，第 228 页。

神的人也是如此。①

教会乃是基督教观念最重要、最核心的社会组织类型，其本质在于，将宗教的拯救看成上帝的拯救本身和原则上已经实现的果。天主教认为一切拯救都与个人成就和完美无关，这种救赎是既成的和已实现的，这是十字架上的耶稣所保证的，也是慈善的上帝赐予的恩典。“在没有自义和修身成圣的情况下，应把握住现成的拯救。在把握拯救、放弃本已自我的信仰献身精神之中，蕴含着希望独自得到的思想完美，其他一切都将自然地、以内在的必然性从这一思想完美性之中产生。”② 因此，教会类型的基本思想是恩典以及一种从信仰获得的既成的在基督之死中完成的救赎思想。基督创建的教会及其使徒和追随使徒的教士就是拯救和恩典的机构，天主教便由此思想中而来。

最终，天主教会成为基督教相对自然法的妥协性的建制，可谓既立志高远又讲求手段，掌握了“区分”的原则：制定纪律和准则不仅仅只是惩罚和救治原罪，还为内在的个人化道德奠定了基础，对于虔诚的基督徒有着更严格的内心要求，以使他们与大量平庸的基督徒区分开来，于是在基督教伦理上，对基督徒做了内部的区分，一般的基督徒只需要生活在相对自然法的要求下，尽可能地做得像真正的基督徒那样，但这并没有在内部造成严重的分裂，因为，教会认为，拯救并不有赖于个人修养的严格，而是基于制度化恩典的客观手段。我们在后面行将论述的新教教义在这一点上有着根本不同的倾向。由此，基督徒内在的差异并不是最关键的，相反倒是属于第二位的。

---

① 在韦伯的《宗教社会学》中，区分“教会”和“教派”是极为重要的，教会乃是官职卡理斯玛的保佑者、管理者，教派则是一个由具有纯粹个人性卡理斯玛资格的个人所组成的共同体。参见〔德〕马克斯·韦伯：《支配社会学》，康乐等译，桂林：广西师范大学出版社，2004 年版，第 361、433 页。天主教会的“教会”概念乃是韦伯发现的发展出西方独有的法制性权威的重要因素。关于新教教会与新教教派的区分可以参见〔德〕马克斯·韦伯：《新教伦理与资本主义精神》，康乐等译，桂林：广西师范大学出版社，2007 年版。这部著作同时附有韦伯的一篇文章《新教教派与资本主义精神》。从天主教会的改革产生新教，再到新教教派，不过是重新回到个人的卡理斯玛权威对官职卡理斯玛在精神上的一次改造，但是教派的精神乃是不符合西方法制理性主义的。

② Peter Roots，“The Stoic Sage and The Decline of Stoicism”，http：//www. ancient-worlds. net/aw/Article/497576. 录于 2006. 10. 12.

不过，天主教会能够安然地从中世纪的刀枪剑戈中走来，还需要解决一个重要的问题：作为法律渊源之权威的合法性问题。① 因为，如果基督教采纳了相对自然法的内容，那么这些自然法在尘世中的权威和终极权威之间必然需要在理论中得到和洽性论证。具体来说，基督教当时面对的是关于皇帝权威的合法性问题。在罗马法的传统中，皇帝的权力来自人间，基督教逐步修改了这些主张，沃格林认为，变化的主要趋势是趋向于认为皇帝的权柄来源于神，在整个中世纪，这种状况都没有发生变化。②

韦伯将上述问题概括为西方独特的“教权制”，这通常发生在宗教卡理斯玛的担纲者和政治权力的担纲者分离的状况下，“在西方，宗教和国家没有融合为一体，这是一件值得庆幸的事”③。也正是因为此，对于西方的政治统治而言，合法性成为一个不可或缺的问题。其重要性我们在韦伯的这样一个比喻中可窥一斑：正如议会制君主（一般说来）之无能乃是政党首领的支配之合法性的首要基础，作为神的化身而“被幽禁”的君主之无能，其结果则为教士的支配。④ 对于权力的支配者而言，其与神的连接乃是政治整体的一个结构性要素。这正是西方政治制度的独特性所在。

在中世纪的历史长河中，宗教权力和政治权力一再处于某种张力和实力的此消彼长中，教权制的卡理斯玛曾经表现得比较强势，后来甚至有走向绝对化的趋势，教会总是试图将政治权力和政治秩序纳入教会秩序中，对政治表现出一种贬抑的态度，政治权力被视为在神的容许下对现实之罪的不可避免的让步，人生于世就必须顺应这种让步，但应尽可能地少与其接触；或者政治权力被看成是以神之意、为了驯服反教会力量的工具，所以政治权力转变成为教士

---

① Ernst Troeltsch, *The Social Teaching of the Christian Churches*, Vol. 1, Translated by Olive Wyon, London, 1931, p. 155.

② 〔美〕沃格林：《政治观念史稿》第一卷《希腊化、罗马和早期基督教》，谢华育译，上海：华东师范大学出版社，2007 年版，第 261 页。

③ 〔瑞士〕雅各布·布克哈特：《世界历史沉思录》，金寿福译，北京：北京大学出版社，第 108 页。

④ 〔德〕马克斯·韦伯：《支配社会学》，康乐等译，桂林：广西师范大学出版社，2004 年版，第 350 页。

权力的受封者。①

从观念的内容到政治形式、法律形式的建制，再到掌握政治秩序的解释权，甚至嵌入整个政治秩序中，在中世纪的历史长河中，天主教会显示了惊人的生命能力。卡尔·施密特曾将其称为一个对立因素的复合体，首先表现在神学层面：同样视《旧约》、《新约》为《圣经》正典；彼此极端对立的二元论能够转变为折中主义；在三位一体的教义中，上帝内在性的许多要素被认为来自犹太教一神论及其绝对的超越性，② 这种含混性与下文中的新教教义的二元对立形成了鲜明的对照。同时，天主教会可以宣称，在其内部结合了一切国家形式和政府形式。天主教会自称是一个贵族君主国，其首脑由一批身为枢机主教的贵族精英选举而成，但它同时又十分讲究民主。"有时表现出惊人的通融能力，有时又顽固而不妥协，既有浴血奋战的大丈夫气概，又有柔顺忍让的女性气质。把高傲与谦卑奇妙地集于一身。"③ 它永远都能把握到最关键的内容："随着政治形势的每一次变化，一切原则似乎都发生了相应的变化，只有一项原则除外，这就是天主教的权力。"

相比较于罗马帝国的秘密，这是基督教世界的一个秘密，也正是因为这一点它才能够继承罗马帝国。教会为世俗权力和教义观念的融通保留了巨大的回旋余地，一方面可能特别强调世俗秩序的手段性质，就如奥古斯丁所指出的，国家、财产、法律等等都是罪的产品，教会可以任意干预罪恶的制度，从对查理大帝的加冕到教皇格列高利主教叙任权愈演愈烈，所以教会自然法可以要求建制政治权力，要求人们服从权力、顺服政治权威。另一方面，教会又宣扬自然法的自然性以及富于理性的本质，它是自然之光、理性和创世秩序的外溢，也是教会的合理基础，于是便产生关于合理的国家、社会、法律和经济的学

① 〔德〕马克斯·韦伯：《支配社会学》，康乐等译，桂林：广西师范大学出版社，2004 年版，第 359 页。

② 〔德〕亨利希·海涅：《论德国宗教和哲学的历史》，海安译，北京：商务印书馆，1974 年版，第 40 页。

③ 〔德〕卡尔·施密特：《罗马天主教与政治形式（1923）》，刘小枫主编：《施密特文集》第一卷，上海：上海人民出版社，2003 年版，第 63 页。

说，从这里人们可以找到任何可需要的政治的观念。人们说中世纪发展了近代政治学说的一切要素，这主要是天主教会的杰作。教会既宣扬基督教民主，也宣扬人民主权论，推行基督教的社会主义乃至共产主义，① 以此对抗被宣称偏离了理性目的的世俗权威。

“这是一种多样性的暧昧性，它拥有两副面孔，是两面神，是雌雄同体”，拜伦曾经如此描述罗马，施密特也如此形容天主教会。这是帝国的特征，后来的大英帝国也是如此。这种典型的模棱两可永远和对权力的敏感混合在一起。

“天主教的政治权力既不依赖于经济手段，也不依赖于军事手段，而是依赖于权威的绝对实现”，教会是一个具体人格的代表。施密特宣称：大凡有见识的证人都承认，教会是法的精神的完美代表，是罗马法体系的真正继承者。② 现代世界已经丢失了“代表”的真正内涵，只具有外在的形式，只有教会拥有真正的代表观念，具有代表的能力。教会代表了“人世之城”，它每时每刻都代表着与基督的道成肉身和被钉十字架的历史关联，代表着基督的人身：基督是历史现实中人身的上帝。

在整个中世纪中，教会获得了惊人的成功，但愈是如此，也将愈是走向失败。在德国法学家基尔克看来，真正中世纪性质的组织都是社团性的，上帝创造了各种各样的社团，绝对化的东西是古代因素，也是中世纪欲加综合的东西，所以这种绝对化的趋势将会是中世纪分解的动力，近代的开始，不过是古代的因素重新分离出来而已。③ 然而，这一新的开始绝不仅仅是重新分裂到综合前的状态：*Abintegro nascitur ordo*（秩序即将重生）。

---

① 〔英〕昆廷·斯金纳：《近代政治思想的基础》下卷《宗教改革》，奚瑞森等译，北京：商务印书馆，2002 年版，第 159—189 页。

② 〔德〕卡尔·施密特：《罗马天主教与政治形式（1923）》，刘小枫主编：《施密特文集》第一卷，上海：上海人民出版社，2003 年版，第 74 页。

③ Otto Gierke, *Political Theories of the Middle Age*, Cambridge university press, London, 1900, Translator' s introduction, p. 7.

## 二、路德：对旧秩序的挑战

来自日耳曼森林的游牧部落，征服了罗马帝国以后，却发生了奇怪的一幕：国王和部下接受了规模空前壮观的洗礼。不是权力也不是法律，只有教士才驯服了这些野蛮人的心灵。艾米尔·路德维希说，自愿服从教会力量，欧洲最勇敢的领袖就是如此地放弃他们的权力的，这样就在国家权力方面形成了一个自相矛盾的对立面，这个对立面来自日耳曼人灵魂的深处，而且从此永远消灭不了。“告诉条顿人一个神圣的目的，让他们望一眼挂在刀剑上的救世主像，他们将立即感到自己成了圣·米歇尔。”① 德意志人是虔诚地信仰基督教的。

因此，德意志人对罗马天主教会秩序的反抗，首先需要精神的理由，反抗权首先是个灵魂问题。只有一个纯粹地过着精神生活的人，一个虔诚地信仰宗教的人，一个严肃地寻求拯救的人，才能与天主教的教义决裂，路德就是这样一个人。海涅说，路德是一个最为德意志式的人物；在他的性格中德国人所有的一切优点和缺点完完全全地统一在一起，因而他个人也就代表了这个不可思议的德国：

他不仅是他那时代的喉舌，而且也是那时代的刀尖。他既是个冷静的、经院式的诠释家，又是一个狂热的、神灵附体的预言家。当他整日竭尽心力地钻研了教义上的细微差别之后，夜晚时分他便拿起横笛，仰望繁星，把自己的心情消融在旋律和祈祷之中。同是这个人，他既能像渔妇一样咒骂，也能像一个绰约的处子那样温柔。他浑身充满最令人畏惧的敬神情绪，充满对圣灵的献身精神，他能完全沉潜于纯粹的精神领域之中。他具有某些原始的东西，某些不

① 〔德〕艾米尔·路德维希：《德国人》，杨成绪译，北京：东方出版社，2006年版，第14页。

**可理解的东西，某些不可思议的东西，有如我们在所有应天意而生的人们那里所见到的一样——某些令人战栗的素朴的东西，某些愚蠢的聪明，某些崇高的狭隘和某些不可克服的魔鬼般的东西。①**

路德针对天主教会发起的斗争是唯灵主义的，这是一种新神学。如果说每一种法权秩序同时也是一种精神秩序，那么路德的新神学宣告了新的精神秩序的开始，近代政治哲学的根本问题域就在路德这里。这个论断容易引起争议，这里并不是说，我们可以将近代的新秩序直接追溯到路德，只是说，路德引发了近代问题，接着出现了一系列的出乎路德预料的新因素，互相作用，前后历经几乎三个世纪，直至18世纪末才最终确立了近代法权秩序的模型，康德对这些问题做了最深刻的论证，他是理性时代的立法者，这种秩序直到如今并没有发生根本变化。

这种新神学的基础在于它对人性的看法，路德背离托马斯传统重新回到了奥古斯丁，他对人性有着更悲观的看法：人类几乎全无价值。这种见解也导致了路德的精神危机，他不仅摈弃了认为人具有自觉地按上帝法则行事的能力这一乐观的看法，而且对人文主义者广为宣传的人的美德和能力的高尚观点进行了尖锐的驳斥。路德认为，我们都彻底受到束缚，处在悲惨之中，困惑、疾病缠身和奄奄一息，妄图以人类的理智来衡量上帝并从而揭开上帝之谜，不仅是罪恶的，而且是可笑的。

简言之，充斥路德头脑的是关于人的一种令人绝望的状态。这种见解必然导致上帝和人之间的极端隔绝，上帝全然是高深莫测的，也有可能是随心所欲的，颇类似于“天地不仁以万物为刍狗”的意思。这里蕴藏着一个巨大的问题：上帝的启示之所以必须遵循并非由于我们认为他言之成理，而仅仅是因为这是上帝的启示。到底是因为源自上帝而有理，还是因为有理而成为上帝的启示，这成为一个紧迫的问题，这是确立近代精神秩序的一个重要的问题；与此

① 〔德〕亨利希·海涅：《论德国宗教和哲学的历史》，海安译，北京：商务印书馆，1974年版，第38页。

相对应的乃是法权到底是个理性问题，还是个意志问题。①

对于路德来说，灵魂的得救成为紧迫而又困难的问题。此世是一个彻底的罪恶世界，路德否认能够凭借人的意志力成就永恒的救赎事业，人的自由选择，乃至人的善行对于拯救来说毫无意义。这一度令路德陷入令人绝望的深渊。这种主张必然导致一种宿命和得救预定论的学说，有些人命定要得到拯救，而另一些人则命定要堕入地狱。路德曾尝试了各种方法来摆脱由此造成的精神危机，既有修道院传统的禁食和祷告的方式，也曾求助于对奥古斯丁进行研究，但这一切反而更使他绝望，这甚至使他采取亵渎之举：咒骂和憎恨上帝。

路德曾在他的自传中谈到了他的“塔楼经验”，这是他经过长期的痛苦折磨之后顿悟到的，是他的释罪学说的关键。在威滕堡修道院的塔楼上的房间里阅读并加以意译《诗篇》时，第 30 章中一句话“你曾把我的灵魂从阴间救上来”使路德顿悟：上帝的公正不是惩罚世人，而是对有罪之人的仁慈，解救他们脱离罪恶，以使他们释罪。从此路德感到他已经“彻底新生，从敞开的大门进入了天堂本身”。

### 1. 教会的精神化：“sola gratia（唯靠信仰）”

路德的宗教改革试图使染上了各种尘世污浊的教会重新回到教义本身，重新接受灵性之源的洗礼。很多人曾经评价过宗教改革，基佐将其描述为“人类精神达到其自由的一次巨大努力——一次解放人类理性的巨大努力”；培根把它定位为一次古典的重新焕发新生的运动。但这一切都不足以概括宗教改革的

① 不过在路德那里对这个问题采取了一种模糊的态度，斯金纳认为这是具有路德特色的理论：上帝具有两重性，一个上帝是在《圣经》中现身说法的上帝，因此他得意之时能够宣讲、启示、呈现和被膜拜，还有一个冥冥之中的上帝，他那不可改变的、永恒的和一贯正确的意志是世人根本不可能理解的，但他又是无所不在的，只能对之加以虔诚的赞美，尊之为神权中最令人肃然起敬的秘密。但是正是从路德那里开始了现代神学观念中的超越人的认知的神，从而使得意志和理性之间的关系成为一个非此即彼的紧张关系。参见〔英〕昆廷·斯金纳：《近代政治思想的基础》下卷《宗教改革》，奚瑞森等译，北京：商务印书馆，2002 年版，第 7 页。

真正精神，它的核心原则是独一无二的，它回到了源头：良心。灵魂时刻要面对永恒的审判，忍受戒绝不朽的煎熬，时刻调适自己遵循上帝的启示。①

对于路德来说，罪人的唯一宗旨乃是信，即对上帝的恩典导致拯救和释罪的可能性的消极信仰。对于基督徒的生活、公义与自由而言，诸般善工以及冥思默想以及心灵所能行的一切都是无益的，只有一件事是不可缺少的，那就是上帝的道、基督的福音，正如《约翰》第十一章所说："复活在我，生命也在我，信我的人，必永远不死。"在这里，虽然恩典必不可少，但是，对尘世中的人而言，重点转移到了内在的信仰，天主教会的纪律和规则并不是主要的，外在形式的建制也就等而次之了，从而一种外在的权力组织被消解为纯粹的信仰。

路德完全沉浸在某种特别的灵魂皈依于上帝的迷狂状态中：灵魂缺少别的都不要紧，但少不了上帝的道；灵魂若有了道，它就是富足的，也就不缺少什么了，因为这道就是生命、真理、光明、平安、公义、救恩、喜乐、自由、智慧、能力、恩典、荣耀和我们所不能想象到的诸般福分之道。这道就是上帝之子成为肉身、受苦，从死复活，藉着使人成圣的荣耀的福音。②

由此导致了路德对基督之死的圣灵化解释，不再特别强调基督为世人赎罪而被钉死在十字架上。路德说，基督奉差遣降世，也不是为别的，单是为传道，而整个属灵阶级，即使徒、主教和一切神甫蒙召受职，也都是为传道。因为传基督，就是牧养灵魂，使它成为义，解放它，拯救它。因为唯有用信领受上帝之道，才使人得救，如《罗马书》第十章所说："你若口里认耶稣为主，心里信上帝叫他从死复活，就必得救。"又说："律法的总结就是基督，使凡相信他的都得着义。"

路德关注的是灵魂的得救，这似乎是基督教的一个传统问题，但是，重心却已经发生了微妙的变化，路德从个人的独特宗教体验出发，也将焦点放在个

---

① Joseph A. Seiss, *Luther and the Reformation: The Life – Springs of Our Liberties*, http://www.gutenberg.org/1/6/7/9/16797/. 录于2006.12.15.

② 〔德〕路德：《论基督徒的自由》，吴玲玲编译：《论政府》，贵阳：贵州人民出版社，2004年版，第69页。

体性上。他说：人有两重性，一是属灵的，一是属肉体的。就人称为灵魂的灵性来说，他就叫做属灵的人，或内心的人，或新人；就人称为血气的属肉体的性来说，他就叫做属血气的人，或外体的人，或旧人。这两种人住在一个人之内，原来就两不相容，肉体与灵性相整，灵性与肉体相争。

从路德的论述中我们可以清楚地看到，信的载体发生了变化，在犹太教传统中，就像霍布斯提醒我们的那样，信的载体是整个以色列民族，属灵的世界和俗世的世界并没有严格的分离；而到了基督教传统中，这两个领域的关系是微妙的，信的载体毋宁说是教会，国家在理论上与此是相分离的；而到了路德这里，信的载体不再是国家，也不是教会，而是个体的人，路德或者说新教导致的变化是全新的。前面简单的勾勒表现出这样一个清晰的趋势，信的载体逐步变得更"小"，从整个民族到教会再到个体，政治体的含义越来越淡，属灵和属世的界限越来越严格。而且伴随每一新的变化，出现了新的问题，而旧的问题并没有消失，这导致了新旧问题都纠缠在一起。在以色列民族传统中，问题是这样："谁属于这个民族?"在罗马天主教传统中，问题则是："教会和国家的关系是什么?"到了路德这里，问题则变成这样："作为个体意味着什么?"① 到底该安置在哪里？这越来越成为一个令人困惑的问题，近代人的心灵就处在这些载体的纠扯当中。个体、教会和国家之间的关系面临着重新组织。

路德描述了自己对信的体验：许多人以为基督徒的信，乃是一件容易的事，他们之所以如此，是因他们没有信的经验，也从来没有尝到信的大能。"因为除非一个人在某一个时候处于试练的压迫之下，尝过信所给予的勇气，他就无法将信好好描写出来，也无法对凡论信所正确描写的加以领会。但是凡少许尝过信的滋味之人，就对信写之不尽，说之不尽，揣摩不尽，听闻不尽。

---

① Joshua Mitchell, "Voegelin and the Scandalof Luther: Philosophy, Faith, and the Modern Age", http://www.artsci.lsu.edu/voegelin/EVS/EVS/PANEL5.html#Voegelin. 录于2006.8.10.

因为信是一道活水泉源，只涌到永生”。①

在路德那里，上帝的道不是用什么行为，而是单用信才能领受爱慕的。因此，灵魂为它的生命与义所需的只是信，那么灵魂称义显然单是因信，而不是任何行为。一个内心的人显然不能因为什么外表的行为或其他方法得以称义，得以自由，得蒙拯救。行为不论其性质如何，与内心的人没有关系。不过路德还必须解释上帝的诫命、律法，因为它必然面临这样的疑问：既然只是因信称义，那么《圣经》又为何规定这么多行为、礼仪、律法呢？路德的解释颇具特色，诫命只指示我们什么是当行的，而不是给予我们遵行的能力；诫命是为叫人认识自己，好承认自己不能行善，而对自己的能力绝望。人藉着诫命知道了自己的软弱，到了这一步，就来了上帝的应许。这些应许宣示上帝的荣耀，要成全律法，遵照诫命，就需信基督，在他里面，恩典、公义、平安、自由与万事都应许了，只要相信，就有一切，若不相信，就缺一切。

由此，路德提出了一个似乎自相矛盾的命题：基督徒是全然自由的众人之主，不受任何人管辖；基督徒是全然顺服的众人之仆，受任何人管辖。基督虽是万有之主，却为女子所生，且生在律法之下。因此他一面是自由的，一面又是奴仆；一面有上帝的形象，一面又有奴仆的样式。这个命题我们在康德的道德律中看到另外一种表述方式：一种遵守普遍法则的自由。这成为德意志式的自由概念，实质都是一样的：一种外在的规则内在化一种信条。

路德关心的是得救、释罪问题，就路德而言是纯粹个体的事，但却引发了当时的政治爆炸，其缘由就是路德由此得出了对于教会的新见解，这对当时的教会秩序构成了严重的威胁。② 伏尔泰以其一贯的诙谐笔调将此归结为两个修会为了争夺赎罪券的利益之争，导火索的确是赎罪券问题：教皇应该、能够、可以批准赎罪券吗？他可以批准活着的甚至死去的人（在炼狱中）部分地或是全部地免于上帝可能施加的暂时惩罚吗？这在当时不仅是神学中的，也是政

---

① 〔德〕路德：《论基督徒的自由》，吴玲玲编译：《论政府》，贵阳：贵州人民出版社，2004 年版，第 67 页。

② 参见 Ernst Troeltsch，*Protestantism and progress*，Beacon Press，Boston，1958，p. 67.

治中的大问题。路德对这个问题给出了神学上的彻底答案，对基督徒而言，罪是彻底的，是包含在整个生活中的。最关键的是，只有上帝才能够赦免罪，只有依靠上帝的道、基督的福音才能建立自信心。教皇所能做的最多不过是在上帝赦免了罪之后宣布一下加以确证。教皇的权威只限于此生中，把灵魂的拯救想象成可以通过昂贵的赎罪券买来，这对于上帝给予罪人的白白恩赐的伟大观念是极大的歪曲。①

路德将斗争的焦点一下集中在当时的权威秩序的顶点：教皇和主教。而且只要路德认定是诉诸自己的良心、理性的主张的，就毫不妥协，由此卷入了当时的政治风暴中，勇敢地朝向与教会的决裂奔去。路德斗争的伟大武器乃是《圣经》，他将《圣经》置于一切传统、法律和权威之上，《圣经》包含了最具权威的教义，只有《圣经》才教导了拯救的含义，它是一切礼拜仪式的源头，只有对这些仪式的精通才是执掌礼拜职务的基础。路德严厉批判了偏离福音书的教导，世俗化、制度化的教会和它的圣事、管理和传统。拒绝了圣餐作为客观的治疗和拯救力量，拒斥由教会掌管这种仪式，拒绝教会借此传达救赎的确定性。从此，新教只诉诸《圣经》，《圣经》乃是绝对的拯救，具有治疗的权力。这对罗马天主教会在中世纪的历史长河中形成的帝国式的等级秩序构成了严重的挑战。

路德似乎将权力从罗马天主教会中隔离出来，但是如果以为由此就导致了现代世界中教会与国家的分离，那就大错特错了。正如特洛尔奇说的，从路德的新教到现代世界教会与国家的分离，还有很远的路要走。从理论上说，路德所主张的仅仅是对天主教会秩序的一个修正，或者说，路德回答的还是一个旧的问题，只不过新的答案逐渐导致了宗教主张的剧烈变化，尤其是在加尔文主义那里趋于极端化。甚至于教会与国家的关系这个问题在路德那里都没有出现。路德和天主教会的传统一样，并没有将它们看做是两个独立的机构。在路德那里，这二者不过是一个整体的不同的功能而已，这个整体就是 the Corpus

---

① 〔德〕汉斯·昆：《基督教大思想家》，包利民译，北京：社会科学文献出版社，2001 年版，第 128 页。

Christianum（基督教大团体）［“Corpus Christianum”这个拉丁术语经常被翻译为“基督教团体”（the Christianbody），意味着一个整体，就其原初的意义而言，更多地是指一个帝国中的基督教团体，而不是世界范围意义上的］，这是不可分割的，也永远是统一的。对于这个整体而言，宗教标准的全体适用性、对异端的坚决排除、不宽容和永无谬误的原则都是不可缺少的，也是不言自明的。

### 2. 路德之新教自然法

有位研究者说，自从基督教时代以来，欧洲发生过两次互相呼应的伟大的革命，其中一次瓦解了罗马以及罗马皇帝的统治，另外一次瓦解了罗马和教皇的统治；一次带来了漫长的中世纪的黑夜，另外一次终结了黑夜；一次淹没了恺撒的统治，另外一次则使在恺撒的地盘上一种更加绝对的统治蒙羞。马丁·路德就是第二次革命的武器和体现。①

基督教是在混乱的权力世界中从人性的深处燃起的灵性之光，在中世纪的历史长河中，经历了巨大的暴风雨的考验都没有熄灭，在某种程度上，拯救了西方文明，然而，当凭借着对良心和思想的占有，凭借着对正义和真理的解释，要管理整个世界的时候，要篡夺世俗权力的时候，和起初的精神之光相比，它走得太远了。这个时候，一直被天主教会巨大的成就所遮掩的真正的灵性潜流就会涌出地面，基督教就会恢复其真正的精髓，就会恢复为一种真正的信仰体系。路德宗教改革就是这股涓涓溪流汇聚的结果。

路德将基督教的核心简化为一种信仰和对上帝的爱，上帝的福音是拯救的全部，基督就是来传上帝的福音的，上帝是赐予恩典的意志、是原谅人的罪恶的神圣的天父。对于所有的罪人来说，唯一的就是对上帝的信，对包含在上帝之子肉身化中的神圣启示的领悟。相比较天主教的教义，路德大大简化了基督教的教义，以一种新的方式将核心放在唤醒信仰的良心中。

---

① Joseph A. Seiss, *Luther and the Reformation*: *The Life - Springs of Our Liberties*, http://www. gutenberg. org/1/6/7/9/16797/. 录于 2006. 12. 15.

路德退回到了内心，他试图矫正天主教会的秩序，不过，路德无法消除基督教固有的问题，即基督教主张的新社会关系和社会现实之间协调的问题，或者说是教会的普遍性和客观性问题。路德的唯靠信仰因反对天主教会而来，但他的教义并没有驱除教会本身，教会是真正的基督徒不可或缺的。在路德那里，教会是信徒们信仰的团契，仍然是一种机构，是上帝设立的，教会不会因一个个体的主观倾向的转变而发生变化，它本身乃是神圣的，是内在于上帝的道之中的。① 只不过教会的概念被极端地精神化了，或者说被路德纯洁化了。它依然是一个普遍的、占据了绝对真理的机构，这是向着更早的基督教会意义的转变。

确切地说，“看不见的教会”并不能正确地概括路德的教会概念，虽然路德自己有时也使用这个术语。他真正的含义乃是，教会在上帝的道以及圣礼中是可见的，是真正存在的，但是它的精神性影响却是不可见的。因为这是无法去计量的，是体现在人的内心中的。②

正是这种客观性，必然要求教会机构本身成为一种普世主义的，也就是韦伯所强调的救赎之道的“即事化”、非个人主义。所以，它必然要求将这种精神性的基督教伦理扩展到整个世俗文明的领域和社会秩序的领域，要求生活的全部秩序都与基督教的伦理要求相协调。初看起来，路德的教义只关涉“灵性”之事，对于外在的世界是冷漠的、极为疏远的，但是，他的“教会”含义的内在逻辑，或者说基督教的普世传统逼迫着他把这种伦理和社会秩序勾连起来。然而，我们将会看到，这在路德那里有着其独特的困难，这种困难是近

---

① Ernst Troeltsch, *The Social Teaching of the Christian Churches*, Vol. 1, Translated by Olive Wyon, London, 1931, p. 478.

② 〔德〕马丁·路德：“论罗马教皇”，载于《路德选集》，徐庆誉等译。http://kuanye.net/shuku/index.php?action=show&no=9980. 录于2006.10.15。笔者在这里附带再次提及，路德绝不是一个教派分子，路德的教会概念似乎看起来和教派的含义有些接近，似乎是类似于马克斯·韦伯所说的个人卡理斯玛式的宗教人物，但路德的初衷绝不是如此，他一再地主张“圣礼”，甚至将这作为辨别真正的基督徒的标准。这也是马克斯·韦伯在《新教伦理与资本主义精神》的创作完成之后，又著有《新教教派与资本主义精神》一文的原因。也参见 Ernst Troeltsch, *The Social Teaching of the Christian Churches*, Vol. 1, Translated by Olive Wyon, London, 1931, p. 481.

代独有的，一直影响着近代政治理论的模式。

问题的根本在于路德的教义中一个基本的悖论：由于路德强调的是对上帝的爱，是福音，所以初看起来，这里没有任何法则，唯有主观意图是绝对的，这成为一个绝对命令。但路德又说信也是恩典的礼物，恩典是信的结果。

路德一次又一次地，在数不尽的篇幅中，极力强调基督教的核心是精神的内在性，体现在基督徒经受无尽的痛苦和考验依然不改对上帝的爱之中，表现为完全的自我牺牲中表现出来的兄弟般的爱。这里没有任何的世俗权力，也没有任何权力使用的余地，废除了所有基督徒对于自己财产的占有，这种基督教的伦理和一种神秘的受难精神联系在一起。① 和天主教比较起来，路德对于“此世”表现得很疏远，将注意力集中在个人的内心，无涉于个人的荣誉，也无涉于法律、战争和国家。基督徒仅仅在他的肉体性需求方面涉及这个世俗世界。

在路德主张的对上帝的完全的爱中无法发展起来一种此世伦理，而由于反对罗马天主教的缘故，他又彻底拒绝了中世纪时期天主教对世俗社会的让步，拒绝一种相对自然法的做法，拒绝在自然的秩序和超自然的秩序之间建立起一个逐步上升的过渡秩序。② 路德认为，如果对现实作出了部分的承认，这意味着对人的能力的认可，意味着强调“事功”而不是“恩典”，虽然对于“事功”的内在精神我们可以去强调，但这依然会导致人们会认为基督徒的真正表征体现在行为的成就上，这样神圣的恩典就会被人的努力遮掩得暗淡无光；路德也不能容忍将这种高超的基督教伦理要求仅仅安排在世俗社会的边缘，比如安置在艰苦的修行中，这种做法实际上看轻了也窄化了基督教的伦理，而基督教的伦理本来是要影响所有人的。

要确立一个完整的基督教的生活秩序，必须将大众的道德生活这一因素包含在内，路德只有一种方法：在内在精神中确立规则，并吸收大众道德的内

---

① Ernst Troeltsch, *The Social Teaching of the Christian Churches*, Vol. 1, Translated by Olive Wyon, London, 1931, p. 495.

② 〔德〕马丁·路德：“教会被掳于巴比伦”，载于《路德选集》，徐庆誉等译。http://kuanye.net/shuku/index.php?action=show&no=9980. 录于2006.10.15.

容。这颇有点类似于后来康德的道德法则：意志自我立法。路德要想首尾相贯必须这样做。他在《圣经》中去寻找，他发现“摩西十诫”① 可以担当此任。事实上，只要强调的是个人主义的基督教伦理，就会选择“摩西十诫”，而不是“登山宝训”，后者是适用于一个民族的，是适用于犹太民族的。对于路德来说，“摩西十诫”的最重要意义在于能够将“此世”伦理和制度包含在他的基督教伦理中。

十诫第一块板的内容主要涉及的是和上帝的关系，是对上帝的爱；第二块板的内容涉及的是对待我们的邻居，这同样也表达了我们的爱，这是一个场所，上帝设置的一个场所，使得我们能够实践爱的行为。第二块板的内容包含了上帝的“召唤”（calling），教导基督徒在国家与社会中与既定的现实条件相适应，对上帝的爱体现在现实的生活中。但只有爱才赋予这后面五条诫条以伦理的含义，这也是生活的最高价值。由此，十诫必须联系到主观的意图、目的来解释，否则就是一种异教主义的解释。

在路德看来，十诫和道德良心是一致的，和自然法也是一致的。在传统的天主教伦理观看来，十诫意味着超过自然的伦理等级的高层次状态，是一种神圣的德行，也是绝对自然法的状态；但是在路德这里，这种层次的划分全部被废除了，基督教的伦理要求不在于一种层次的上升，而在于对自然的条件和义务的宗教性奉献，无须从一种自然的状态向更高的超自然状态提升，而是在自然中寻求完美，这样路德实际上取消了自然法的绝对与相对的划分，也重新解释了自然法的内容。路德认为，自然法通常被解释为一些实在法则，比如在罗马法中，比如在异教哲学的道德规范中，但只有基督徒的精神贯注在这些规则中，才能够真正地发挥作用。②

---

① “摩西十诫”录于两块板（table），第一块板：（1）不可有别神。（2）不可有偶像。（3）不可妄称神的名。（4）不可不守圣日（安息日）。（5）不可不孝敬神的代表（父母）。第二块板：（1）不可杀人。（2）不可夺走他的妻子—他的家—他最亲近的人。（3）不可盗窃他的东西。（4）不可诬陷他的好名声。（5）不可贪恋他的好东西或财物。或者称之为两个维度：垂直维度是“人神”之间的关系；水平的维度是“人人”之间的关系。

② Ernst Troeltsch, *The Social Teaching of the Christian Churches*, Vol. 1, Translated by Olive Wyon, London, 1931, p. 505.

由此，自然法不再被认为是关于某种社会理念的激进形式，不再要求平等，不再要求财产的共有，也不再是一种没有法律和强力的生活理想，而是在所有自然的行为中充满了对上帝的信仰，因为凡属必要的自然行为都要求和对上帝的爱结合在一起。在路德那里，无法得出一种赞同平等或者共产主义的自然法内容，原因不在于人的世俗状态是堕落以后的状态，而是在最本质的意义上，不可能产生这样的宗教伦理要求了。遵循自然法只是意味着自然的条件都是神圣的安排，自然的行为中被注入了宗教的精神，这是对上帝的献身，也意味着社会行为是爱的结果，社会行为之所以有用，并非由于实用性的理由，而是爱的缘故。

现在唯一的问题只是确定哪种情况才是自然的条件，哪些才是自然的行为。如果处于人类初始的天堂状态中，那么确定这些就显得多此一举了，但是在世界历史中，人类的生活分裂了，人的生活堕落了，这是在国家、法律、权力支配下的状态，同时还存在着一种要求取消法律状态建立无差别的兄弟爱的状态，基督教父和托马斯主义者把这种双重状态构造为一种过渡性序列，也就是说，法律、政治、国家本身乃是过渡性的，法律作为一个制度，既是对人的罪恶的惩罚，也是对罪恶的补救，这样就构造了一种人的伦理要求的上升序列。也就是说，人的自然状态或者说自然的条件乃是一种混合、妥协状态。①

但是路德觉得这两种状态并不是对立的，或者说，他取消了法律状态和兄弟爱的状态的区分。所以，我们无法在路德那里发现对于政治状态和伦理状态的区分，无法发现一个相对自然法存在的空间，或者说，没有给政治、法律秩序留下一个相对自足的空间。路德希望能够直接将兄弟爱的状态、天堂中的状态在自然的现实条件中实现，但是这两种状态实在相差太远。以道德的要求来规范政治的生活，这也是路德教义的一个特色，部分程度上这也是德意志民族政治理论的特色。德意志民族执着于精神，同时也执着于在现实中实现这种精神，他们总是执着于将精神和现实纠缠在一起，他们不懂得区分政治和道德，

① Ernst Troeltsch, *The Social Teaching of the Christian Churches*, Vol. 1, Translated by Olive Wyon, London, 1931, p. 507.

不懂得一种纯粹政治的风格，他们总是感觉到政治上存在着问题，然而他们总是带着道德的眼光去寻找问题所在，也试图以道德的方式去解决问题。路德由于过度强调内在的意图，而忽视了外在的某种审慎，忽视了政治理性，从而也导致了近代政治理论的蒙昧。①

于是，路德将天主教会传统的高低层次的对立转化为一种内外独立，转换为个体与集体的对立，将个人主义置于一种二元对立中。更准确地说，这种二元论一直存在，但是路德使得其对立变得尖锐化了。这正是卡尔·施密特批判的新教主义不懂得政治的区分，不懂得政治的妥协，也不懂得法律制度的拟制。②

特洛尔奇曾认为，路德后来部分地修正了这一对立，但是在笔者看来，这并不是某种对过去的矫正，不如说，这正是这种对立可能导致的一种结果。③路德逐步地将世俗的制度作为生活的自然形式，这不再是由于原罪的结果，而是由于这些形式就是上帝指定的，所以路德逐步转向接受现实的秩序。④ 这正是路德主张的应有之义，他的伦理只能在两个极端之间摇摆，要么可能会激烈地反对现实的秩序——这正是他的后继者加尔文主义的要求，要么只能是极端地服从既定的现实秩序。⑤ 德国的政治理论最终都会向着一种法律服从的结果演进，即使后来的哲学家黑格尔也不例外，这一点最好地表现在了他的这一名言中："现实的就是合理的。"

---

① Joshua Mitchell, "Voegelin and the Scandal of Luther: Philosophy, Faith, and the Modern Age", http://www.artsci.lsu.edu/voegelin/EVS/EVS/PANEL5.html#Voegelin. 录于2006.8.10.

② 〔德〕卡尔·施密特：《罗马天主教与政治形式（1923）》，刘小枫主编：《施密特文集》第一卷，上海：上海人民出版社，2003年版，第64页。

③ Ernst Troeltsch, *The Social Teaching of the Christian Churches*, Vol. 1, Translated by Olive Wyon, London, 1931, p. 507.

④ 参见〔德〕马克斯·韦伯：《新教伦理与资本主义精神》，康乐等译，桂林：广西师范大学出版社，2007年版。第一卷第三章：《路德的职业观：研究的课题》，韦伯在此尤其指出了路德将职业作为一种"召唤"（calling）的含义。

⑤ 参见〔德〕路德：《关于世俗权力：对它的顺服应到什么程度？》，吴玲玲编译：《论政府》，贵阳：贵州人民出版社，2004年版，第1—45页。路德在这里提出问题的前提就是"顺服世俗权力"。

路德的保守主义一直在德意志的思想中延续了下来，普芬道夫的理论就是路德主义的，他对于国家以及文明的肯定性价值的见解不过是看起来较路德的看法更为乐观、表现得更加积极而已，试图在格劳修斯的理性自然法和路德对于国家、法律的保守主义之间建立起沟通的桥梁；普芬道夫的自然法理论也是康德早期法学课程的讲义内容，这或许架起了贯通路德和康德的桥梁，后者的道德立法不过是新教伦理的理性版本，① 而路德消极的态度在康德的论述中也不动声色地重现。

## 三、博丹：建立新秩序的尝试

路德主张服从世俗权威，极力劝阻人们反叛，他对反叛的农民甚至采取了咒骂的态度，但宗教改革的后果完全出乎他的意料，也是他所不能控制的，由此导致教义分裂、教派林立、反抗叛乱迭起、内战不断发生。基督教世界内部发生了最严重的分裂，祸乱的起源主要在德国和瑞士，伏尔泰说，尽管德国人和瑞士人在当时并不是以世界上头脑最敏锐的人而著称，而且至今还是被视为行事谨慎的人。罗马教廷博学而文质彬彬，未曾料到那些被他看做野蛮人的人，手中拿着《圣经》作为武器，竟会从他手中夺取欧洲的半壁河山，又动摇了另一半欧洲。②

路德以德意志的方式点燃了动摇旧秩序的导火索，法国虽然没有参与这场思想斗争，但是教义的分裂同样成为法国政治斗争的借口，在16世纪下半期，

① 在康德的《纯粹理性界限内的宗教》中，康德重新提出了类似于路德的神的国度与尘世的国度划分的伦理的国度与法律的国度的划分，参见〔德〕康德：《纯粹理性界限内的宗教》，李秋零译，李秋零主编：《康德著作全集》第六卷，北京：中国人民大学出版社，2007年版，第95页；也可参考 Mark Wilms，“The Rebirth of Luther’s Two Kingdoms in Kant’s Commonwealths：Optimism Coming of Age，” *Journal for Christian Theological Research* 3：1（1998）pp. 1—40.

② 〔法〕伏尔泰：《风俗论》（中册），北京：商务印书馆，1997年版，第575—576页。

法国深陷天主教与胡格诺教斗争的危害中。就法国的精神而言，斗争的风格完全是不同的，人们在德国进行的是认真严肃的斗争，但在法国却用了模棱两可的诙谐来斗争，法国人的精神体现在不同的内容和方式中，博丹代表了这个时代的法国最实际又最博学的头脑。

博丹最先找到了摆脱宗教战争以及内部政治困境的办法，这就是所谓的“国家”和“主权”的结合。他是一位纯粹的法国法学家，是近代关于国家的法学概念的创造者。博丹洞察到了欧洲历史的趋势，16 世纪是欧洲历史的一个具有决定性意义的转折点，这就是国家时代的开始。卡尔·施密特说，从这个时代开始，“国家乃是统治一切的政治统一体的秩序性概念。各种各样的要素都对国家的发展和形成作了贡献，许多先驱者、过渡阶段和发展进程，尽管数不胜数，但还是能把它们辨识出来”①。

但对于当时的德意志帝国来说，那是一个相当悲惨、鲜有作为的时代。不过，博丹的主权观念的影响是无与伦比的，对于欧洲各地都成为理所当然的关于世俗权威的概念，对于德国来说也不例外，100 多年以后的普芬道夫的著名文章《论德意志帝国现状》体现了持续性的效力。同样对于 18 世纪的康德来说，主权概念在法的形而上学体系中也是不可或缺的，虽然康德没有将国家看成是独立主体，其意图主要是使国家受到伦理准则的制约，但是其出发点却仍然是：国家是最高的权威，是裁决外在的“我的与你的”之主审法官，单纯准则性的和因此而无法官的自然状态将由此得到克服。国家统一体概念的不可或缺性在康德拒绝反抗权的学说中体现得尤其清楚。

### 1. 主权：新秩序之法律状态的决断者

就中世纪的政治思想者而言，没有人会提出这样的问题：“国家是什么？她是如何形成的？”人们只会问：“统治者是谁？他的权力是什么？”即使就马基雅维利而言，国家虽然有其独立存在的理由，不会是为了实现更高的目的而

① 〔德〕卡尔·施密特：《陆地与海洋——古今之“法”变》，林国基等译，上海：华东师范大学出版社，2006 年版，第 67 页。

存在的，但他也没有提出这个问题，而博丹这样做了。只要罗马天主教会被承认是一个普遍的具有权威的机构，那么秩序总是可以以对教会承担义务的形式来设想，但当教会发生分裂以后，必然会导致世俗权力的冲突。只要旧的教会秩序被改变，那么旧的政治思想的框架必然会被突破。为了确立新的政治秩序，新的政治义务和服从的核心必须被发现。政治的重心必然发生转变，这就是博丹所发现的至上的主权概念，从此也结束了思想界无穷无尽的关于属灵权力与尘世权力之间的关系的争论。他坚决抛弃了这些神秘的术语，不再讨论教会和统治者，而是讨论共和国（**la république**），① 他发现了这个政治体的本质性特征，以至于后来的政治思想家无论赞成或者反对“主权”，也都是在政治体的前提下思考的，并且用的是他的术语。②

法国的处境以及由于受当时的“*politiques*”③ 的影响，使得博丹认为政治首先解决的乃是生存问题，要建立确定的秩序，相应的，某种至上的权威是不可缺少的，这是至高的决断权。博丹背离了基督教传统，回到了希腊罗马传统，事实上他的《论共和国》就是模仿亚里士多德的《政治学》而作，他同样以询问共和国的目的开始，但是在论述的深入过程中，他的实践目的越来越明显，不断地指出在既定的条件下应该做什么，以及应该避免什么。如同亚里士多德考察当时希腊世界的政制方式以撰写政治学，博丹更是雄心勃勃地考察了古今之国以及教会的历史，遍阅了他认为所有重要的史著，他曾抱怨马基雅维利没有读过更多好的史籍。他相信在历史中不仅可以发现普遍准则，还可以增长政治智慧。

《论共和国》开篇即谈到某种权力：共和国可以被定义为至上权力（**asov-ereignpower**）对许多家庭以及涉及的主要事务的良好的治理。在第一卷的第八

---

① 博丹的《论共和国》是以拉丁文写作的，标题中还没有出现国家这个概念。他谈论的是“commonwealth”，而不是“state”.

② Jean Bodin，*Six Books of the Commonwealth*，Abridged and Translated by M. J. Tooley. Basil Blackwell Oxford Printed，1955. Introduction，http：//www. constitution. org/bodin/bodin_ 0. htm. 录于 2005. 02. 20。

③ “politiques”指和博丹同时代的强调以政治的功用态度来对待宗教的政治家。

章第一句话就是：主权乃是共和国中绝对的、永久的权力。① 博丹说“主权”这个术语早已有之，拉丁语称为“*maiestas*”，希腊语则是“*akra exousia*”，“*kurion arche*”，“*kurion politeuma*”，其意思是指一个人或者一些人对国家有着完全的控制力，博丹认为迄今为止，没有哪个法学家或者政治哲学家对此给出过定义。博丹的定义简洁而又明确，但其论证却显得冗长而且学究气十足，他总是提出尽可能的反题，然后进行驳斥，逐步确立自己的论点，读者必须追随他的艰难而漫长的论证过程之后才能明确他的立场。

首先，至上权力是永久的，它的出现可能是这种状况：一个人或者一些人在固定的期限内被授予这种权力，但期限一旦终止，他或者他们仍然是被治者（privatesubjects），因此，可以说，即使他们拥有权力时，也不能被当做是主权者，只不过是主权者的代理人。主权者永远保持其权力，可以委派代表发布命令、作出裁决，但随时都可以收回。那么，如果这种权力被授予一个代理者一直到其生命的结束，这是否是主权？是永久的吗？这里“永久的”意味着超越生命期限的。如果这样，那么主权要么只能在贵族制和民主制政治体中才能存在，因为这两种政治体不会灭亡，要么主权存在于君主制中的君王以及继承人中，在这种情况下，几乎没有主权者存在，因为几乎没有严格意义上的世袭继承，通过选举而拥有皇位的并不是主权者。所以博丹将“永久的”限制在权力拥有者的有生之年。②

如果某人在其生命期间拥有绝对的权力是源自民众，这需要做进一步的区分：如果权力的授予是纯粹的、一致的，而且没有以任何官职授予被委任者，也没有以委任状的形式授予，那么此人就可以当然地被认为是拥有主权的君主。因为这样的权力是彻底的，没有任何条件的。

其次，主权是绝对的，其无条件性体现在博丹的这一断言中：“它不受任何条件限制，除了上帝和自然法的命令之外。”相反的，对于某一臣民而言，

① 参见 Jean Bodin，*On Sovereignty*，*Four chapters from the Six Books of the Commonwealth*，edited by Julian H. Franklin，Cambridge University Press，1992，p. 1. 编译者在脚注中指出：博丹后来对“主权”的这一定义做过微小的调整，但核心的含义仍然保留下来。

② Ibid，p. 6.

虽然他免除或者豁免于他的共和国中所有的法律、命令和习俗，但他仍然不拥有主权。因为即使他免除了法律的管辖，但他仍然在臣属并且服从主权者。而主权者则不会臣属于任何其他人，他能够对臣民颁布法律，也可以撤销法律。这也是为什么罗马法律宣称君主并不隶属于法律之下的原因，实际上，“法律”这个术语在拉丁文中意味着主权者的命令。同样，君主也不会被他的前任的命令限制，那么对于自己的先前的命令，君主就更不会因此而受限制。因为只存在一个人被别人命令，从没有听说过一个人可以自己命令自己。主权者不会将自己的双手缚住。法律即使奠定在善和有力的理由之上，但也仅仅依赖于君主本身的自主意愿。①

卡尔·施密特说，博丹的学术成就和成功的基础就在于把决断纳入了主权概念之中。任何法律秩序均建立在决断之上，在博丹看来，“法律”意味着一个人或一些人的正当的命令，这些人拥有对除他或他们之外所有人的控制权力。② 法律的主人要求具有能够终止法律的权力，因为废止某项有效的法律的权威标志着决断的能力，这是打破某种约束的能力。这种权力是不能够分享的，所以主权是不可分割的，否则主权只能成为政治斗争。相对于古典政治思想而言，博丹关注更多的不是谁正确的问题，而是谁决断的问题，不是理性的问题，而是意志的问题。由此权力问题被引入了国家领域。国家高于法律规范的有效性。③

博丹倾向于选择君主制，因为意志最好是一个个体的意志，在危急时刻，即刻的决定性行动是必需的，集体主权经常是一种观念，而不会成为现实。这造成了与传统国王观念的断裂。在中世纪，国王的观念在加冕仪式中体现得最明白，誓言表明国王作为一种职务，乃是正义本身决定的，国王概念体现的是正义的角色，它的功能就是对其下属的事务作出裁决。在博丹那里，正义被置

① 参见 Jean Bodin, *On Sovereignty, Four chapters from the Six Books of the Commonwealth*, edited by Julian H. Franklin, Cambridge University Press, 1992, p. 13.

② Ibid, p. 53.

③ 〔德〕卡尔·施密特：《政治的神学：主权学说四论》，刘小枫主编：《施密特文集》第一卷，上海：上海人民出版社，2003 年版，第 8—9 页。

于意志的背后，或者更精确地说，正义只是作为意志的背景和来源而存在①。生命、保全、自我存续在政治中占据压倒性的地位，所以决断成了首要的政治权力。

## 2. 主权：上帝与服从

然而，主权并不是完全没有条件的。如果主权在博丹那里体现的是政治的性质，那么主权的限制性条件必然对政治本身也是适用的。对政治冲突的终止以及避免是政治最紧迫任务，但冲突本身并不是没有道德色彩的，换句话说，政治冲突和竞赛是有区别的，所以政治必然表现为正义或者善之间的冲突。观念之争、教义之争或者说诸神之争正是这些冲突的表现。“谁正确”是可以无限争论下去的，也会导致无休止的政治冲突，正因为如此，博丹才引入了“谁决断”来确保秩序，但并不能由此消除或者取消政治的正义问题，博丹将这个问题放在主权的背后。

在《论共和国》中，博丹屡次提到了主权只对上帝以及自然法负责，或者只对整个共同体的自然法则负责。这在讨论共和国的目的和权力的起源中表现得很明确。初看起来，博丹首先关注的是共和国的目的问题，要找到达到目的的工具，必先确定目的是什么，所以看起来，他首先要关注的是国家的目的是什么。不过，正如图里（M. J. Tooley）说，《论共和国》的第一句话几乎看起来就背叛了整部著作的意图，因为博丹将共和国定义为一个正当的政治体，虽然他反对亚里士多德的政治体目的学说，但是似乎又模仿亚里士多德要建立关于国家的哲学。在这一点上，博丹还是传统的，就像阿奎那指出的，亚里士多德的政治学是建立在他的物理学基础上的。中世纪的价值观念以中世纪的宇宙观念为基础：自然秩序包含在永恒秩序之中，永恒秩序包含了宇宙和所

① 拉斯基对于政治体内部各部分的正义和政治体本身的正义做了精彩的分析，他认为，由于主权的决定性角色，政治体的组成部分便失去了区分好与坏的必要，因为它们的道德性质由主权的道德性质决定。所以正义的位置被放在了政治体的背后，首要的乃是现实的需要。参见 Harol Dj. Laski, *Studies in the Problem of Sovereignty*, New Haven: Yale University Press, 1917, p. 9.

有内部具体之物，这是一个处于相互联系中的巨大的系统。指向这种整全的秩序是所有行为和制度的目的所在，这一点在除去人之外的所有造物身上立刻就会发现。就人而言，因为堕落无法发现神圣以及自然的意图，所以人类社会的正当秩序并不能仅仅靠思想来决定，因为人是不完美的。我们必须求助自然理性，为了更大的确定性，要求助于奇迹显示出来的上帝的法则。

在博丹的论述中，他更多的是指《旧约》中的上帝，几乎没有对《新约》有任何的引证，博丹和早期的宗教改革者几乎分享了这一观点：国家的存在和人的堕落有关。但我们从中也可辨认出微妙的不同：就路德而言，国家的存在乃是罪的结果，而罪是对上帝的命令的直接违反；但在博丹那里，罪的含义更多的是非神学的，是指对于他人的不正义的对待方式。博丹有时认为国家起源于暴力，有时又认为是某种支配欲望的后果，有时又将其归结为人们建立某种组织来免于暴力的侵害。① 所有这些罪恶有一点是共同的，它们都威胁到了个体的自由和财产。不过博丹没有用过任何类似于“自然权利”或者“内在权利”的术语。在博丹之后，人类原初状态的观念经历了修正：在加尔文那里，罪导致了自由的彻底丧失，就在《论共和国》出版几年之后，霍特曼(François Hotman)说，罪并没有导致自由的丧失，而是被异化了，保存这些自由恰是任何国家的合法性条件，这在逻辑上会演绎出抵抗权利，这恰恰是博丹要避免的。对于他来说，法律只是主权者的命令，是不需要接受命令者的同意的。自由和财产的合法性不是因为源自自然权利而符合神圣法和自然法的。博丹同样拒绝权力是源自政治体本身的，国家权力的起源是个奇迹，所有的权力来自上帝。就像在家庭中，父亲的权力不是源自子女的。

一个真正的共和国的表现是“droit”，这个词在博丹那里意味着人的整体善。人应该被教育、训练成为有德行的，其德行又趋向于永恒的秩序。博丹也提到了沉思，这是辨别善恶、真假、虔诚与否的能力，这不仅是个体的最高的善，也是国家的真正目的，这也是政治范围内的宗教的含义。不过博丹并没有

① Jean Bodin, *Six Books of the Commonwealth*, Abridged and Translated by M. J. Tooley. Basil Blackwell Oxford Printed, 1955. Introduction, http://www.constitution.org/bodin/bodin_0.htm. 录于2005.02.20.

提到过教会，也不认为国家有义务去建立教会。他反对宗教迫害，① 这会导致普遍的宗教怀疑，这关涉共和国根基，因为宗教本应导向尊重和服从。宗教的生命力取决于君主，君主所做的应该是创造良好的条件，鼓励宗教发展，只有实施容忍政策，才有真正的虔诚。

在某种意义上，作为主权者命令的法律体现了主权者必须遵循的上帝的法则。博丹在法律和体现上帝法则以及自然法则的正义之间钉入了一个巨大的楔子：主权。在主权建立之前，关于正确与错误没有确定的区分。而主权来自上帝，在主权建立之后，其命令体现了正义。上帝对万物负责，而主权并不是上帝的法律，乃是上帝的工具，为的是制定法律符合上帝的意志。如果国王是作为正义的体现，那么一旦国王的行为违反了正义，对国王的命令的违背就是必然的。但是如果国王作为主权者，拥有绝对的至上的权力，抵抗便是不成立的，因为主权者的存在乃是神圣的工具，自然法和神法要求人们遵守上帝的法则。

博丹确立了无条件的服从，这一点在他对僭主的讨论中尤其明显。所谓僭主指不是通过继承、抽签、正当的战争以及上帝的特别启示而是凭借自己的权威成为主权者的人，古人对刺杀僭主者往往给予很高的评价和奖赏，甚至将僭主攫取的位置让给他，这些人被称作国家的解放者。博丹说，这种做法无法区分好的与坏的君主，因为无论什么人都不能假借正义之名宣称自己可以得到主权。如果僭主已经篡夺主权，那就绝不能允许杀掉他，除非僭主本人已经失去权威，也放弃了武力镇压，并且决定将权力归于民众并接受审判。②

随着“国家”这种新的秩序概念粉墨登场，封建的、等级制的中世纪混杂秩序开始慢慢地被清除一空。中世纪的社团和组织，封建的、等级制的或者

---

① Constantin Fasolt：“Sovereignty and Heresy”，Originally published in：*Infinite Boundaries*：*Order*，*Disorder*，*and Reorder in Early Modern German Culture*. Ed. Max Reinhart. Sixteenth Century Essays & Studies，Vol. 40. pp. 381 –391，Kirksville，Mo.，1998.

② Jean Bodin，*On Sovereignty*，*Four chapters from the Six Books of the Commonwealth*，edited by Julian H. Franklin，Cambridge University Press，1992，p. 111.

教会的团契丧失了意义。尤其是教会的角色发生了巨大的转变，它逐渐从政治权力的等级秩序中退出。国家确立了一种在地域上完整的政治统一体，在欧洲多数国家，政治统一体均由君主的专制主义造就出来。但是，在德意志帝国，中世纪的状况一直苟延残喘到这个帝国的末日，即 1806 年。在此过程中，帝国内部兴起了一些新的政治统一体，比如普鲁士，于是帝国作为一个整体内部包含着种种异质因素，自从 17 世纪以来，人们一直在讨论一个问题：这种混杂体到底是政体的混合还是众多国家组成的体系？普芬道夫的回答是：这种结构类似于一种病态，就像一个怪胎一样。卡尔·施密特说："华伦斯坦（Wallenstein）于 1634 年遇刺身亡后，在民族基础上将德意志帝国塑造成一个政治统一体的最后一点希望破灭了。"① 所以在德意志，无论是皇帝，还是诸侯，抑或是帝国首都，都不是主权者。因此，中世纪的德意志帝国注定要成为"主权"这一全新秩序观念的爆炸性力量的牺牲品。

德国的政治鲜有作为，德国的思想却走在了现实的前面。路德引发了摧毁旧秩序的导火索，但德意志在政治上却缺乏强有力的担当者，宗教改革反而导致了政治冲突的加剧和帝国的分裂。主权概念的影响只在德国理论家的头脑中存在，人们渴求一个强大的政治统一体，但是这一直要等到俾斯麦的出现才成为现实，在此之前，主权都只是一种政治思想。不过，主权概念本身并非一成不变，在所有法学概念中，主权概念最容易受到影响，它本身从中世纪的法律组织中破茧而出，但是合法性的观念却无法抛弃，所以主权首先面临着一个合法性的拷问。在博丹那里，主权的背后是基督教教义和古典伦理观念的混合，但是这显然无法满足寻求确定性的迫切要求。因为这种教义和伦理观念本身就容易引起争执和混乱。伏尔泰说，当宗教蜕化为教条时，导致了无穷的战争和内乱。那么有克服诸神之争的根本措施吗？新世界新科学的崛起似乎给人们注入了信心，人们不去努力寻求信仰的统一，而是求得理性的一致，信仰可以被置于纯粹的内在的私人领域，这种祸乱之源可以被挤压到非政治的空间，上帝

① 〔德〕卡尔·施密特：《宪法学说》，刘锋译，上海：世纪出版集团、上海人民出版社，2005 年版，第 55 页。

的法则也不再是主权的幕后主宰，转而诉诸某种新的、理性可以认识的自然权利。这正是托马斯·霍布斯发现的新政治科学，他首先将信仰简化为一个最基本的、都能够接受的教条，然后将国家的合法性基础奠定在新的自然权利学说上，这种学说的彻底的逻辑结论出现在卢梭那里，他宣称发现了人的价值，并且在某一天使康德从形而上学的美梦中惊醒。

# 第二编　新法权秩序的第一个体系：利维坦

## 一、利维坦的背景

托马斯·霍布斯是断然与传统决裂的近代政治哲学家之一，对此他有着清醒的自我意识，时代处境的紧迫性锻造出其伟大的政治理论，和洛克一样，他的思想既是某一时代的产物，又超越了这一时代。霍布斯回应的乃是那个时代源于信仰分裂的挑战，他的"天命"乃是倡导一种现代国家。考虑到信仰的分裂、一个世纪以来的宗教内战给欧洲大部分地区带来的血腥动荡，霍布斯试图寻求一种具有绝对权力的尘世权威机构，他在国家主权者那里发现了一种独一无二的权力，这种权力能够创造和平和安全。主权者的概念已在博丹那里诞生，但这种观念即"国家作为一种其自身既拥有'合法性'和'真理性'——体现在它的绩效和功能方面——的机器则是由霍布斯最先提出来并由他系统地发展成为一套清晰的概念"①。

霍布斯将宗教改革和主权导致的政治后果综合起来考虑，从概念上更严格地界定了博丹提出的主权国家，并明确地以国家来取代罗马教会对于政治权力的染指，就此意义而言，它也是宗教改革的延续。从此，主权本身成为政治自足的，它被赋予了精神，以后的一切政治变化都打上了主权的印记。

"利维坦"是一个隐喻，意指凡世的最高权威：人造国家。在霍布斯的最

---

① 〔德〕迈尔：《施密特的学说》，刘小枫主编：《古今之争中的核心问题——施密特的学说和施特劳斯的论题》，北京：华夏出版社，2004 年版，第 137 页。

重要的政治哲学著作《利维坦》中，“利维坦”作为主权国家存在于这样一种“世界图景”中：上帝国曾经在犹太民族中出现，然后又毁灭了，耶稣的受难保证了上帝国的重新出现，但那要等到历史的末期耶稣复活之后。在这个从毁灭到重现之间过渡的时期，只存在唯一的国家，就是利维坦，它是对上帝国的模拟：凡世中有朽的上帝。① 不过，利维坦必然面临撒旦的挑战，这就是黑暗王国，霍布斯也称之为撒旦的王国和比西卜的魔鬼的王国。利维坦只有在战胜了黑暗王国之后才能够存在，因为利维坦的存在以“耶稣是基督”这一信条作为整个国家公民所参与的公共理性和公共崇拜，但黑暗王国为了在今世取得统治人的权力这一目的，力图以黑暗和错误的说法熄灭他们身上的天性和福音之光，破坏他们进入未来的上帝国的准备。

### 1. “错误的稗子”：黑暗王国

“撒旦王国中最黑暗的部分是上帝教会以外的部分，也就是在不信耶稣基督的人之中的那一部分。但我们却不能说，教会因此便像哥珊地一样，享有完成上帝指令我们做的事情所必须的一切光明。”② 事实上，在霍布斯眼里，错误的稗子首先就在教会之内，其方式有二：第一，滥用和熄灭《圣经》之光，我们的错误多是由于不知道《圣经》而来的。第二，引用异教神话编造人的魔鬼学，也就是引用他们关于魔鬼的荒诞不经的说法——这些魔鬼不过是一些偶像或大脑幻象，本身并不具有任何不同于人类幻象的真正本质，比如亡魂、妖魔以及老妪闲话中所说的其他一些东西便都属于这一类。霍布斯的矛头直指天主教会：最大和主要的滥用《圣经》的情形是牵强附会地用《圣经》来证明其中经常出现的上帝国就是现存的教会或现在活着的基督徒群众，或是在最后的审判日将要复活的死去的人；几乎所有其他的错误都是由此而生的，或是

① Gabriel L. Negretto, “Hobbes’ Leviathan. The Irresistible Powerofa Mortal God”, Analisiedirit to 2001, acuradi P. Comanduccie R. Guastini, pp. 179—191.

② 〔英〕霍布斯：《利维坦》，黎思复等译，杨昌裕校，北京：商务印书馆，1985 年版，第 490 页。

从属于它的。①

但上帝国到底指什么呢？霍布斯的利维坦是对上帝国的模拟，同时，黑暗王国只有和上帝国相对才能被定位。正如霍布斯所说，只有说明了神的主权和人的主权以后，才能定义撒旦的主权。霍布斯对于这个问题的回答才是对教会的致命攻击，这种攻击的激烈程度不亚于新教革命，在某种程度上来说，这甚至是新教革命的完成。霍布斯实际上回到了古犹太国和异教国家，犹太人从宗教方面实现了宗教和政治的统一体，在异教国家中，宗教是政治的一部分。在这两类国家里，两种权力即世俗权力和精神权力的区分乃是陌生的。

霍布斯说，在《圣经》中，王国的本义就是上帝根据子民自己的同意所取得的统治任何臣民的主权。上帝的王国是由以色列人民以一种特别的方式投票建成。在这种方式下，上帝应许他们具有迦南地，而他们则与上帝立约，选上帝为王。自从创造世界时起，上帝就不但会以神力自然地统治所有的人，同时也具有特殊的子民，这种子民由他以声音发布神谕，就像一个人对另一个人说话一样。他就是以这种方式统治亚当。自大洪水之后，上帝与亚伯拉罕立约，亚伯拉罕根据这约让自己和自己的子孙承担义务，在一种特殊方式下服从上帝的成文法，而上帝则应许将迦南地作为他们的永业。那时虽然没有称上帝为王，也没有把亚伯拉罕和他的后裔称为王国，但这也是上帝对亚伯拉罕后裔的主权，这种按约建立的王权，后来当摩西在西奈山上重订此约时便明确地称之为犹太人的特殊上帝王国。

“上帝的王国”原来本是指一些人经过同意后所建立的一个国家，他们服从这个国家是为了求得一个世俗政府，并且在正义问题上不但管理他们对自己的王——上帝的关系，同时也管理他们彼此之间的相互关系，此外还在平时和战时管理他们对其他国民的关系；正式说来这就是一个王国，其中上帝是国王，大祭司在摩西死后则是他唯一的副王或代治者。②

---

① 〔英〕霍布斯：《利维坦》，黎思复等译，杨昌裕校，北京：商务印书馆，1985年版，第324页。

② 同上注。

这一王国在以色列人模仿异教国家选扫罗为王时中断了。在那个时期以后，除了上帝根据自己的意志，以他无限的权力进行统治，在过去、现在和将来都成为所有的人和所有的生物的王的上帝国以外，世界上便没有任何按约建立或通过其他方式建立的上帝国。然而，上帝却通过自己的先知应许：当他自行拟定的时期完全到来，而他们又通过忏悔、通过生活上的改邪归正回到他那里的生活时，就要为他们恢复他的这一国家。不仅如此，上帝还召外邦人进入这国，根据同样的皈依和忏悔的条件享受他为王的幸福。同时他还应许差遣他的儿子耶稣降临人世，以耶稣的死为所有的人赎罪，并以耶稣的道使他们准备在他第二次降临时迎接耶稣。由于第二次降临人世的事还没有来到，上帝国便也没有来到，我们现在除开自己的世俗主权者以外，便不处于任何按约建立的国王的统治之下；只是基督徒由于已经获得在基督重临时被接纳的许诺，所以便已经处于神恩的王国中了。①

利维坦被镶嵌在一个神灵历史的长河中，这是构造利维坦的起点。这在政治上紧随而来的、也是最明显的后果就是攻击教会宣称是当下的上帝国的代表这种主张：由于上帝国在地上，但又尚未到来，所以必然得出这样的结论，在当下只存在过渡性的公民政权。换句话说，就不存在所谓的“上帝之城”（City of God）和“世人之城”（City of Man）之分，在基督教体系国家中二者乃是同一的。② 罗马天主教会宣称代表上帝国，并且代表救主说话并制定律法，教皇宣称自己具有这种王权，在各个国家中当地教士会议声称也具有这种王权；围绕这种王权发生了这样激烈的争论，以致熄灭了天性之光，在人类的悟性中造成了极大的黑暗，使他们看不清自己究竟是允诺对谁服从了。

正如列奥·施特劳斯所认为的，与罗马教会所追求的“黑暗王国”作斗

---

① 〔英〕霍布斯：《利维坦》，黎思复等译，杨昌裕校，北京：商务印书馆，1985 年版，第 491 页。

② Gabriel L. Negretto, “Hobbes’ Leviathan. The Irresistible Powerofa Mortal God”, Analisiedirit to 2001, acuradi P. Comanduccie R. Guastini, p. 184.

争并试图恢复原始的统一体乃是霍布斯的政治理论的真正意义。① 由于教皇声称自己是基督在现存教会中的总代治者，于是就会得出一个理论：一个基督徒国王必须由主教授予王位，就好像他那“蒙神恩”的王者之衔，便是从这一仪式中得来的一样；他唯有由上帝在地上的总代治者加冕后，才能算是蒙神恩成为国王的。而教皇与其他基督教君主的政治目的之间是经常有冲突的，在这种方式下，冲突一经发生，他们的臣民便会坠入五里雾中，以致无法辨认窃据他们合法王位的外国人和他们自己奉之为王的人；在这种心灵的黑暗下，他们便会受旁人野心的指使，不辨敌友地互相攻打。②

教会之所以能够攫取权力，深层的原因在于其对于灵魂和精神的控制能力，凭借掌握着对人施加恐惧和驱除恐惧的能力来攫取对肉体的政治权力，这是一切宗教所共有的。在霍布斯的利维坦中，恐惧是服从的一个重要基础和原因，但是利维坦毕竟是现世的，如果某种来生的恐惧超过了对利维坦的恐惧，那么不服从就可能出现，所以霍布斯实施了驱魔行动。③ 霍布斯对自己的意图直言不讳：

世俗社会的维持在于司法，司法的维持在于国家的主权者所操的生杀大权以及程度较轻的赏罚。如果在主权者以外还有人能颁赐比生命更高的奖赏、施加比死亡更重的惩罚，那个国家就不可能立足。永生既然是大于今生的奖赏，而永罚则是重于自然死亡的惩罚，所以每一个希望通过服从权力当局的方式避免乱世局面和内战之祸的人，便都值得好好考虑一下：《圣经》中所谓永生和永罚究竟是什么意思，人们究竟是犯了什么罪和对谁犯了罪就会遭到永罚，究

---

① Leo Strauss, *Spinoza' s Critique of Religion*, Translated by E. M. Sinclair, The University of Chicago Press, Chicago and London, 1997, pp. 86—106.

② 〔英〕霍布斯：《利维坦》，黎思复等译，杨昌裕校，北京：商务印书馆，1985 年版，第 492 页。

③ 霍布斯还在论述黑暗王国中专门提及了所谓外邦人的魔鬼学，参见〔英〕霍布斯：《利维坦》，黎思复等译，杨昌裕校，北京：商务印书馆，1985 年版，第 516—537 页。

竟什么行为可以获得永生。①

霍布斯解释说，人类始祖亚当如果没有违反上帝的诫命，就可以在伊甸园中永远享受被造时的生活。然而由于他偷食善恶之树的果子，必死的命运就进入他本人以及他的后裔身上，由于罪而受到了剥夺并从而丧失了永生，反之，如果谁要是能够取消这种剥夺就可以因之而恢复永生了。耶稣基督既然已经为所有信他的人赎了罪，因而也就为所有的信徒恢复了失去的永生。《哥林多前书》说："死既是因一人而来，死人复活也是因一人而来。在亚当那里众人都死了。照样，在基督那里众人也都要复活。"永生的地方都是在地上，因为在亚当那里失去的是乐园和地上的永生，在基督那里众人都要复活，那么则只能是在地上复活，否则这一对比就不恰当了。耶稣重新降临，在他父之下永远管辖他们，而不把他们取上去在天上加以管辖。这一点和摩西按约建立的上帝国的复兴问题也是相符合的。关于具体的时间也可从这一对比中确定：亚当因犯罪而失去了永生，但往后还生活了一个时期，虔诚的基督徒由于基督的受难而恢复永生时也会是这样，虽然这种信徒已经寿尽而死，并且有一个时期停留在死亡之中，也就是一直到复活之前都停留在死亡中。正如同死亡是从被定罪的时候算起，而不是从执行的时候算起，永生也是从赦罪的时候算起，而不是从被选拔出来信奉基督的人复活的时候算起的。

对此人们有可能提出这样的反对意见：虽然躯体在最后审判日前不能升天，但灵魂一经离开躯体以后便在天上，这样，灵魂在最后审判日之前因为耶稣基督的福音便是不朽的。这一点据称是从《路迦福音》基督所言而来："上帝原不是死人的上帝，乃是活人的上帝，因为在他那里，人都是活的。"霍布斯认为，如果这里指的是灵魂的不死，那么就没有证明基督所要证明的躯体的复活，也就是人的不死。所以基督的意思是这里的不朽不是由于人类的本质和天性所造成的性质而来，只是说在神恩那里是活的，就是指和那些已经解罪并

① 〔英〕霍布斯：《利维坦》，黎思复等译，杨昌裕校，北京：商务印书馆，1985 年版，第 355 页。

在复活时列入永生的人一起写在生命之簿上了。在《圣经》中也没有哪里记载说，一个犯人可以不在最后审判日通过复活而成为不朽的。《约伯记》的第十四章都是对这种天道中必死的命运的抱怨，但这和复活时的不朽并不冲突。因此，不朽的生命在复活和审判日之前在人类身上不会开始，其原因不在于人类的特殊本质和生育繁衍，而在于上帝的应许。①

正像上帝国和永生一样，上帝的敌人和他们在审判后所遭的苦刑之罚，从《圣经》中看来都在地上。所有的人在复活以前停留的地方，《圣经》中一般都用“地下”这样的字眼来称呼；复活后遭罚的人所在的地方，《圣经》中并没有记载，只是说他们和一些上帝消灭掉的恶人住在一起，比如阴曹地府、塔塔鲁斯或者无底洞。霍布斯从《约伯记》中的一句话——“将恶人投于水中，使他们与水呻吟不息”——中得出，遭罚的人的处所是在水下。所谓烧着硫黄的火湖——地狱之火也并不是受苦的地方，而是被消灭的意思。这不过是一个比喻的说法。阴曹地府、仇敌、撒旦、阎罗或恶魔都是即将进入上帝国的人的仇敌，因为上帝国在巴力斯坦，而周围各国则是仇敌的王国，所以撒旦的意义指的便是教会在地上的任何敌人。

### 2. “耶稣是基督”：公民宗教？

1651年10月14日，霍布斯的老朋友、奇切斯特的前任副主教写信给伊利的前任主教马修·雷恩，问道：“你曾经拜读过霍布斯先生的混杂了基督教的、无神论的《利维坦》吗？”一个星期以后他再次写信说道：“（霍布斯）在法国已经引起了一些神父的愤怒，并想回归故里，还决定写这本书再阐述其主张。某些人告诉我，这本书在教会的那些懒散的信徒中和国王的宴会中，确实是我所读过的所有最疯狂的神学的混杂物，并破坏了三位一体论、天堂和地狱，这

① 〔英〕霍布斯：《利维坦》，黎思复等译，杨昌裕校，北京：商务印书馆，1985年版，第360页。

本书可能允许把教会的权威比作仙国。”①

霍布斯是无神论吗？这一点在霍布斯的研究者那里是有争议的。在列奥·施特劳斯看来，霍布斯是彻底的世俗化论者，力主以哲学批判宗教，这一点由斯宾诺莎继承，并冠以神学政治论。在论述霍布斯的专著《霍布斯的政治哲学：基础与起源》中，施特劳斯关于宗教的论述篇幅最少，而且整部论著的基调很明显：霍布斯乃是与古典传统和基督教传统坚决决裂的近代政治哲学之父。② 不过反对的观点一直未曾消失，卡尔·施密特在1963年版的《政治的概念》中添加了一个长的注释说，霍布斯经常而且明确断言，“耶稣是基督”的真理乃是他自己的信仰和信条；这一真理是启示的真理，是国家公民所参与的公共理性和公共崇拜。而且施密特似乎是针对列奥·施特劳斯说，出自霍布斯之口的，不是纯粹阴谋诡计式的保护性断言，不是有意图的或危急中的说

① 〔英〕理查德·塔克：《托马斯·霍布斯的世俗宗教》，尼古拉斯·菲利普森、昆廷·斯金纳主编：《近代英国政治话语》，潘兴明等译，上海：华东师范大学出版社，2005年版，第106页。

② 早在列奥·施特劳斯的论著《斯宾诺莎的宗教批判》中，就论述了霍布斯的神学政治论，即对基督教的批判问题，见 Leo Strauss，*Spinoza' s Critique of Religion*，Translated by E. M. Sinclair，The University of Chicago Press，Chicago and London，1997，pp. 86—106. 在专论霍布斯的《霍布斯的政治哲学：基础与起源》中，只在第五章“国家与宗教”中提到了霍布斯的三部政治哲学论著中宗教态度的不同及变化，见列奥·施特劳斯：《霍布斯的政治哲学：基础与起源》，申彤译，南京：译林出版社，2001年版，第71—94页。在这部专著的最后一章，施特劳斯就初步显示出自己对宗教的看法，政治体崇拜的神是所谓哲人区别隐晦教诲和显白教诲的主要理由，真正的哲人是无神论的。后来在《自然权利与历史》中论霍布斯的部分，施特劳斯明确了对霍布斯的宗教态度的定位：霍布斯的学说是第一个必然无误地以一个完全“启蒙”的亦即非宗教的或无神论的社会，来作为社会或政治问题的解决之道的学说。并且在一个脚注中借培尔的话来暗示，霍布斯的有神论只不过是和公众崇拜保持表面的一致而已。见〔美〕列奥·施特劳斯：《自然权利与历史》，彭刚译，北京：三联出版社，2003年版，第203页。

谎，以便在迫害和审查面前保全自己。① 同时英语世界的约翰·波考克也发出了反对的声音。借用塔克的话来说，还在大多数的霍布斯研究者正关注于所谓的“泰勒一沃伦德”的辩论时，波考克在1968年就提醒人们注意：霍布斯解释基督教信仰及其神圣历史的两卷本《利维坦》，几乎是和《旧约》全书和《新约》全书的篇幅一样长，然而一直以来，很多的学者对该书的观点，首先并非真的了解，其次，霍布斯的意思也许并非真的如此。②

到底哪种才是霍布斯的真正意图，也许重点不在于这些解释者的见解相互矛盾，而是霍布斯在这个问题上有意持一种模糊甚至是对立的立场。所以不如去探讨在霍布斯那里为什么会存在某种前后不一致的情形。这乃是霍布斯构造的国家体系本身的问题；也是霍布斯处于一个过渡时代的结果，那时神学尚未退场，形而上学正处于鼎盛，而近代科学才刚刚兴起。

对于霍布斯来说，所有的神学根本上都是一个语言权威性的问题。对于权力和善的内在认识就是崇敬，因此，崇敬上帝便是对他的权力和善的尽可能高的认识。霍布斯说：

一个人如果只打算把那些有自然理性作根据的属性归于上帝，便必然只能用无限、永恒、不可思议等否定的属性形容词或至高、至大等最高级的属性形容词，或者是用善、公正、神圣、造物主等无定属性形容词，而用时意义又像是不为了说明上帝是什么，而只为了说明我们怎样赞美他、怎样随时准备服从

① 卡尔·施密特是在讨论政治理论和神学的关系时提到了关于霍布斯的论题的：真正的政治理论必然和区分敌人由此也和罪的教义联系在一起。施密特说，霍布斯处处令人惊异的体系开启了通向超验之门。在建构利维坦的政治体制的透明大厦中，启示的真理很可能是一块封顶之石，而且“耶稣是基督”这个句子就是用来在公共崇拜中称呼显现的上帝的。在施密特看来，问题不在于从个人心理学角度追问霍布斯的主观信念，而是针对其全部政治学说的系统性根本问题，因为他的政治学说绝对没有关闭通向超验的大门。霍布斯的政治学说追问的是：“耶稣是基督”这一准则可替代抑或不可替代？参见〔德〕卡尔·施密特：《政治的概念》(1932)，刘宗坤等译，上海：上海人民出版社，2003年版，第187—189页。

② 〔英〕理查德·塔克：《托马斯·霍布斯的世俗宗教》，尼古拉斯·菲利普森、昆廷·斯金纳主编：《近代英国政治话语》，潘兴明等译，上海：华东师范大学出版社，2005年版，第104页。

他；这就是虔敬以及立意尽最大可能崇敬他的表现。因为只有一个名词可以说明我们对他的性质的概念，那便是我存在，而且只有一个名词可以说明他对我们的关系，那便是上帝，后一名词中包含着天父、王和主的意思。①

下面紧接着关于上帝的性质的一句话，透露了霍布斯的意图："国家既然是一个人格，敬拜上帝也只应当只有一种方式。当他命令个人公开地敬拜时便是实行了这一点。这就是公共敬拜的方式，其特性在于一律。"由此可以得出一个结论，主权者在上帝的敬拜中规定为表示尊敬的属性形容词，私人在公共敬拜中应当依此加以使用。

在霍布斯那里，关于其宗教见解容易引起争论的实质在于，霍布斯主要关心的不在于真正的信仰是什么，而在于谁来解释宗教信仰。在《利维坦》这部论著之前，霍布斯就已经确立了主权者的最终解释权力，但不同之处在于，霍布斯在早期允许这样的观点：主权者在宗教见解上可以采取教会的意见，这正是使徒的意义。但诞生于内战中的《利维坦》则采取了更加激烈的立场，主权者拥有完全的解释权。所以，当列奥·施特劳斯说，霍布斯采用从上帝的属性来解释上帝这种方式时，他注定了是一个无神论者。② 但是如果霍布斯的重心在于谁来解释，那么就永远没有关闭解释的启示可能。就像波考克所说，君主解释的预言的权威完全不同于发出预言的权威，因为这个预言、它的内容、它的传播和它的作者构成了一部历史，世俗的君主发现他自己处在不是他创造的历史之中。从这个预言被接受为解释论据开始，它和它蕴含的历史会赋予解释者一种独特的权威，因此，一个人、一个臣民和一个基督徒，处于同一历史之中，渴望能够正确地解释同样的一个论据，不会只等待君主去给他解

---

① 〔英〕霍布斯：《利维坦》，黎思复等译，杨昌裕校，北京：商务印书馆，1985 年版，第 284—285 页。

② "至于自然宗教，他最初对其可能性，不可能像后来那样怀疑。缓和地说，后来他认为，关于上帝的任何自然知识，只要超过关于第一推动力之存在的知识范围，就是完全不可能的。由于这个原因，他不但把启示神学系统地排除在哲学之外，而且把自然神学也系统地排除在哲学之外。"见〔美〕列奥·施特劳斯：《霍布斯的政治哲学：基础与起源》，申彤译，南京：译林出版社，2001 年版，第 91 页。

释。

施密特注意到了解释者的问题："基督教各教派之间可怕的战争立刻引发了好些问题：谁以具有法律约束的方式解释并执行这一不断需要解释的真理？谁决定了什么是真正的基督教？这就是无可避免的 *Quis interpretabitur*（谁解释）的问题和一再出现的 *Qui sjudicabit*（谁审判）的问题。谁把真理铸造成有效的货币？对这些问题的回答是这样一句话：*Autorias non veritas facit legum*（权威，而非真理制定法律）。真理不能执行自身，需要一个可执行的命令。"① 施密特的疑问是，基督教的宗教战争是否导致了在霍布斯那里的宗教对立的中立化？中立化是否超出了对耶稣基督的共同信仰从而达到对上帝的共同信仰？所以在霍布斯那里，通向超验的大门始终没有关闭。不过，列奥·施特劳斯的担心并非无的放矢："谁解释"的问题导致的中立削弱了问题本身的紧迫性，从而有可能最终遗忘问题本身。

## 二、利维坦：新政治体的隐喻

就《利维坦》的整个体系而言，给人的初步印象似乎是前半部分讨论人事，后半部分讨论神事。不过当我们先对神学部分研读之后，不仅会发现后半部分提供了整部著作的意图以及利维坦的存在背景，② 而且对前半部分的理解会立刻更新，利维坦实际上几乎是对上帝的模仿，它绝非纯粹科学的，所以对于《利维坦》所谓前后两部分的世俗和神学的区分方式就是有问题的。

在政治理论的长河中，充满了各种光彩耀目的图像与符号，而利维坦则是其中最强有力的图像。政治共同体的统一体总是在各种不同意义下被设想成一个"巨人"（magnuscorpus）。政治观念史对于一个"巨型动物"的图像并不陌

① 〔德〕卡尔·施密特：《政治的概念》（1932），刘宗坤等译，上海：上海人民出版社，2003 年版，第 187 页。

② 这种存在背景类似于古典世界中的"世界之墙"的作用。霍布斯的哲学逐渐淡化古典的这种秩序，人的位置凸现出来，以自然的主人自居，古老的训诫被遗忘。

生，这是对政治的图像式说明，例如在柏拉图那里，把“共同体”的图像设想为一个“巨人”，把受非理性因素影响的人群称作“多头的聚合动物”。“利维坦”作为政治统一体的符号来自《旧约》中的图像，它是《约伯记》四十章和四十一章里所描述的那个最强而有力、最不驯服的水怪，千百年来就被覆裹以神话的形象。这个想象不论在神学上还是史学上都具有极为丰富的意蕴。

施密特提醒说，在欧洲各族人民之间进行大型的政治恶斗的时候，一个“深层的神话脉络的”气氛总是会起一些作用的，而所有关于利维坦的深刻讨论似乎也根源于此。

德国学者舍尔斯基（Hermut Schelsky）曾指出，也许霍布斯并不像表面上那样是一位理性主义者、机械主义者、感官主义者、个人主义者或任何什么“主义者”，反而是一位政治行动的思想家，他所处理的都是政治的现实，他的著作都是政治行动的学说，而非用普遍概念所构筑成的思想体系。霍布斯用“利维坦”的图像，对抗了所有宗教性的国家思想。霍布斯的利维坦概念的深层意义在于，利维坦是个只有以尘世的方式、只有在人类的政治行动中才表现出来的“现世的”、“会死的”上帝，而人们必须从“自然的”混乱状况里不断地重新找到这个上帝。

利维坦这个尘世的主宰的统治经验乃是从最高主宰上帝那里习得的。《约伯记》对利维坦的描述是：统治着所有自大的怪兽的王（king overall proud - beasts）。而在霍布斯看来，人的禀性中有一种倾向是冲突和无政府状态的最主要根源：自负（pride），或者说虚荣。这也是不服从和反叛的最主要因素，是对公民社会秩序的破坏之源。“自负”问题实际上有着很深的神学因素，正如斯提芬·霍尔姆斯指出的，霍布斯认识到，没有哪个神话在处理“自负”问题时比原罪和拯救的神话更有效了。在《旧约》中，自负表现为人的原罪，只有彻底地无条件地服从上帝，才能够完全地克服人的自负，在霍布斯那里，只有类似于上帝的力量的利维坦才能降伏尘世中这些骄傲之子；在《旧约》中，只有人的忏悔才能走向宽恕和拯救，在霍布斯那里，只有因为死亡使人从虚荣自负中惊醒过来，才能臣服在一个掌握生死权力的权威之下。只有恐惧才能够使人服从利维坦，有位研究者说，这是霍布斯从《约伯记》中得到的启发。约伯虽然是无辜的，但是没有质疑上帝的权利，因为上帝是以力来统治的，必须服从上帝的看来似乎是专制的意志，所以在利维坦中，人们也没有质疑主权者的命令正确与否的权利，只能服从。①

奥克肖特认为，利维坦在霍布斯那里是关于人类自身处境的一个神话，霍布斯创造了上帝造人神话之后最深刻的神话。② 霍布斯试图以新的神话替代旧的神话。在旧的神话中，人曾经很完美但是堕落了，而在新的神话中，人是不完美的，人的位置降低了，这也许是新的神话最根本的变化。霍布斯是“编织”神话的大师，这是艺术家的创造能力，但科学的任务乃是消除神话，并妄图以科学的方式解决人类自身的问题，令人惊异的是，霍布斯似乎同时又是驱除神话的科学家。

## 三、利维坦的基础

霍布斯有一点和柏拉图相似，他们都能将抽象的论证转化成想象的世界，或者说将哲学转化为神话。政治哲学在霍布斯那里，还存有对政治体的神秘性的深刻洞察，但是由于霍布斯试图追求实用性，准确地说他试图使政治哲学不再是梦幻而是成为能够有效地实现的东西，从而对政治哲学的内容和形式都作了根本的革新。③ 对霍布斯的利维坦的形式和内容的认识一直以来都是有众多分歧的，部分在于霍布斯的表述往往前后相悖，并且时有令人惊讶的遗漏。我

---

① Gabriel L. Negretto, “Hobbes’ Leviathan. The Irresistible Powerofa Mortal God”, Analisiedirit to 2001, acuradi P. Comanduccie R. Guastini, p. 185.

② Michael Oakeshott, “Leviathan: a Myth”, *Hobbes on Civil Association*, Indianapolis, Indiana, 1975, Liberty Fund, Inc. pp. 159—165.

③ 列奥·施特劳斯认为，霍布斯追求确定性主要是因为科学的理由，确定性的科学必须是能够实现的，这也许是因为霍布斯作为培根的秘书受到了实验性科学的影响。但笔者在这里更愿意强调追求确定性的政治的理由。霍布斯的利维坦可以说是英国内战的产物，霍布斯在自传中曾回忆说他在恐惧的时代中降生，在霍布斯晚年写作的《比西莫特》中也可以看到，霍布斯认为政治确定性乃是人走向得救的根本条件。

们只能在霍布斯的核心原则之下努力做到尽可能连贯地解释。①

在亚里士多德的体系中，理论科学是在伦理哲学和政治哲学之上的，其根据在于他认为，人不是宇宙的最高存在，对于最高存在，则只有沉思才能知晓其性质。而霍布斯宣称："大自然"是上帝用以创造和治理世界的艺术，而"大自然"最精美的艺术品是"人"②。列奥·施特劳斯提醒我们，霍布斯曾经说，亚里士多德是亘古通今最糟糕的老师，但有两部著作却是例外："他的修辞学和关于动物的论述，却很杰出。"霍布斯关注的是人，此时人所处的位置大不同于亚里士多德眼中的世界秩序中的人，在笔者看来，霍布斯眼中的人的处境乃是曾经的上帝国和未来的上帝国之间彻底需要自救的状态，自然乃是彻底无序的，人必须依靠自己才能期望未来的得救，在人的被抛弃状态中，霍布斯的利维坦乃是加尔文的上帝的世俗化形式。

霍布斯的几部政治著作屡屡从对亚里士多德的修辞学的重新思考开始，他必须在内容和形式上达到突破，或者说，他必须寻找到关于人的新的系统定位，一种不同于古典时期的包含人在内的世界秩序。

### 1. 自然权利

关于人性（human nature），霍布斯发现了什么？列奥·施特劳斯的研究表明，霍布斯的发现极具力量，因为他的发现，霍布斯在某种程度上可以被称为释放出魔鬼的人。这是某种新的道德态度，是近代思想最深层的东西。这种态度到黑格尔那里得到了完善，在当代的黑格尔主义者柯耶夫那里得到了极为清晰的重述。这便是"欲望"的问题。

在霍布斯看来，人乃是具有内在运动性质的肉身性动物，他生活在与即时即地的周围环境的相互关系中，某种宜人的运动是快乐（pleasure），相反的是痛苦（pain），只要引起快乐的就是好的（good），导致痛苦的是坏的（evil），

① Michael Oakeshott, "The Moral Life in the Writings of Tomas Hobbes", *Hobbes on Civil Association*, Indianapolis, Indiana, 1975, Liberty Fund, Inc. p. 99.

② 〔英〕霍布斯：《利维坦》，黎思复等译，杨昌裕校，北京：商务印书馆，1985年版，引言。

快乐和痛苦是我们确证生命的两种方式，我们都避免痛苦、向往快乐，原因在于我们都向往生命、逃避死亡。这一点对于人和动物都是相同的，能够将二者区分开的地方在于，动物对于环境的反应乃是即时的，痛苦、快乐都是和当前的感觉相一致的，但人却不同，因为人具有记忆力和想象力，所以能够储存快乐和痛苦的经验，并在一段时间后能够重新唤回这种感觉。所以人的欲望是创造性的、有着自我意识的，能够为某种想象中的目标而采取行动。从而在原本简单的爱和恨的基础上又添加了更多的激情，如希望和失望、勇气、愤怒、悔恨、贪婪、嫉妒以及报复等等，也正因为此，人有可能是最掠夺成性、最狡诈、最凶猛、最危险的动物。

对于人来说，满足是没有终止的，或者说，满足本身就是一个过程，“一个人对于时常想望的食物能不断取得成功，也就是不断处于繁荣昌盛状态时，就是人们所谓的福祉，我所说的是指今生之福”①。人的无穷无尽的欲望并不是周围的环境不断地刺激的结果，乃是因为人本身的欲望是层出不穷的；人们对于权势有着无尽的欲望甚至是至死方休，这不是因为人试图去追求更多的满足，而是如果不去追求的话他们有可能连当前的状况都无法维持。

人的欲望和激情是竞争性的，每一个人都希望能够超过所有其他人，人的快乐就建立在处于比他人优越的位置上。人的生活乃是一个没有目的、没有花环、只是追求最先位置的竞赛。② 一个人的最大快乐，最使他动心的就是对自我的权力的意识，自然欲望的源泉是永远领先，永远做第一，荣誉就是被他人

---

① 〔英〕霍布斯：《利维坦》，黎思复等译，杨昌裕校，北京：商务印书馆，1985 年版，第 45 页。

② Hobbes, *The Elements of Law Natural and Politic*, part 1, chapter. 9, 21, http://etext. lib. virginia. edu/toc/modeng/public/Hob2Ele. html. 录于 2005. 09. 20.

尊为高人一等。人的最根本的激情乃是"pride（自傲)"①，他希望所有的人都能够信服他的优越性，这种欲望之强烈甚至有时以某种假象的方式来满足，他沉溺在某种虚幻的满足中，所以自傲可能变为自负。

另外一种激情与自傲时刻相伴随着：恐惧。对动物而言，恐惧仅仅被理解为受惊吓，但对于人而言，有着更多的东西，不仅仅是担心未来的快乐会消失，而且担心在人生的竞赛中落后，而这种担心不过是对终极的恐惧的反映，即对死亡的恐惧。对于动物而言，任何使其厌恶的东西都是令其恐惧的，对于人来说，主要的恐惧是对其他竞争者的恐惧；动物最终极的恐惧就是死亡，任何形式的死亡方式都相同，人则不同，人的终极恐惧乃是对暴死（violent-death）的恐惧。②

对于暴死的恐惧就是对死于他人之手的恐惧，这是一种耻辱的死法。所以人一方面要求别人的承认，另一方面又担心死于他们之手，他在自傲和恐惧之间摇摆。这就是霍布斯所说的人的自然状态，一种人对人的战争状态。

对于死亡的态度决定着人生的根本态度。人与人之间爆发冲突，首先不是为了杀戮，而是要制胜对方，搏斗必然趋向激烈，趋向赤裸裸的人身搏斗，冲突过程中，人身伤害、肉体痛苦唤起了对丧失生命的恐惧，由此减缓了愤怒，

---

① "pride"这个术语有着多重含义，"骄傲"、"自豪"、"傲慢"、"自负"、"惹人注意"，可以是褒义，可以是贬义，也可以是中性的。这个词在霍布斯那里本身的含义就是模糊的，霍布斯似乎对这个词的感情色彩也没有最终的定位。在笔者看来，这种态度主要是霍布斯对待死亡的态度的复杂性引起的。一方面霍布斯的利维坦需要的是人们对死亡的恐惧，而只有死亡才能将人从虚荣中拉回来，那么对死亡的恐惧必然被赋予道德善的含义，所以"pride"此时的含义必然在道德上是恶的，但是在霍布斯那里似乎对死亡的态度留有了另外一种可能，这就是人们能够以另外一种对待死亡的态度同样可以达到在利维坦中的和平状态，这时对死亡的恐惧则并不具有道德性，相反面对死亡的态度即勇气却是有德的，这正是"pride"具有的含义。参见 Michael Oakeshott，"The Moral Life in the Writings of Tomas Hobbes"，*Hobbes on Civil Association*，Indianapolis，Indiana，1975，Liberty Fund，Inc. pp. 128—130.

② Michael Oakeshott，"The Moral Life in the Writings of Tomas Hobbes"，*Hobbes on Civil Association*，Indianapolis，Indiana，1975，Liberty Fund，Inc. pp. 86—88. 也参见〔美〕列奥·施特劳斯：《霍布斯的政治哲学：基础与起源》，申彤译，南京：译林出版社，2001年版，第19页。

但是复仇的欲念转化为憎恨。憎恨者的目标是杀戮，是消除自己的恐惧，不过，同样丧失生命的危险也存在于自己身上，所以最终恐惧消磨甚至抵消了制胜的斗志，使他准备忍住一腔怨气，逆来顺受，把胜利的荣光让给对手，以换取自己的生命。而其敌手在保住了优势及荣誉的承认后，出于荣誉的缘故，给对方留有生命。

可见，虽然对死亡的恐惧都是相同的，但是恐惧的程度却是不同的，人人都怕死，但怕死的程度却不同，并且导致不同的处境。如果强调不畏死的程度则勇气就是德行，相反，勇气则必须从德行表中去除，在利维坦中，畏死是必需的。但是我们看到，霍布斯的利维坦乃是采取主权国家的形式，而在主权国家之间同样又存在着战争状态，这样对外战争必须强调不畏死，对内则又必须强调对死亡的恐惧，所以在霍布斯那里这个矛盾无法解决，对这个问题的彻底解决需要某种关于国际的视野，这一直到康德的永久和平论才有一致的论证。

霍布斯需要寻找能够普遍地克服这种自然状态的条件，这在人的另一种禀赋中已经存在，这就是“理性”（reason）。不过需要强调的是，这种禀赋仅仅提供了克服的可能，只是必要条件，而不是充足条件。首先体现在人们不仅能够寻求事件的原因，而且能够去寻求预测行为的结果，“有时人们想知道的是一种行为的结果，于是他便假定类似的行为会造成类似的后果，然后逐一地思索过去的类似行为及其产生的后果。……这种思想就叫预见、慎虑或神虑，有时也称为智慧”①。其次体现为“语言能力”，“语言的一般用处是将心理讨论转化为口头讨论，或把思维序列转化为语言序列”②。语言可以记录我们的思维序列，将思维序列固化为语词，人们可以重新回忆起来。人们使用相同的语言，就可互相交流表达他们所想望、惧怕或具有其他激情的东西，这也可称之为“意愿和目的”。交流可以预期能够达到一致之处，所以“通约”（agreement）乃是人自然的或者内在具备的禀赋，这正是霍布斯所说的“契约”

① 〔英〕霍布斯：《利维坦》，黎思复等译，杨昌裕校，北京：商务印书馆，1985 年版，第 15 页。

② 同上注，第 19 页。

(pact)①，这是一种互相允诺将会履行的约定，约定中附着了信用（credit）。

问题在于，这种契约虽然是自然的，但契约的履行却是人为的（artificial），也就是说，这种契约仅仅提供了能够克服自然状态的前景，但能否走向这种缔约状态，并不是由这种契约本身决定的。因为，如果有人预先履行契约，那么不履行者就能够得到竞争的优势，所以，理性同样警惕成为第一个进入缔约状态的人。真正决定性的还在于恐惧，这种激情才是积极的、有创造性的。由恐惧所驱使的理性提供了从暴死中解脱出来的途径，修正了人生竞赛的条件，成为和平的竞赛。如果说自然欲望的后果是自傲和恐惧，那么理性提供的前景则是和平。和平是对共同的敌人——死亡——达成一致认识的结果，只有在一种普遍的臣服于一个人为的主权者的情形下才能达到，这就是在公民状态（civitas）中。这时，契约不再是不确定的，而是经常并且持久的，人和人的战争状态走向终结。

“理性”指明了和平状态得以形成的方式和条件（the convenient article sofpeace）。② 这种条件确保人们从生死斗争变为驯服的人，这些条款可以简单地用一句话来概括：己所不欲，勿施于人（Do not to another，which thou wouldestno thave done tooneself）。这种否定形式的准则揭示了霍布斯的道德意图，也就是说，和平的条件不仅仅是避免暴死的理性规则，而且还是道德义务（moral obligation）。

霍布斯的道德概念是具有确定的含义的。在霍布斯的术语中，“好”（good）和“坏”（evil）作为一个规则而言没有道德含义。“好”仅仅意味着欲望之物，“坏”是憎恶之物。理性宣称和平是好的（good），并不意味着每个人都应该促进和平，只不过是有理性的人将会做的。在霍布斯那里，“正义”（justice）这个术语有道德的含义，道德行为就是正当的行为，一个人的义务就是没有虚假地并且经常地试图正当地行动，在霍布斯那里就是为和平而和平。这里不仅有对外在行为的要求，而且还有主观意图上的，不能只有表

① 在霍布斯那里，“pact” 和 “covenant” 这两个术语经常互换。

② 〔英〕霍布斯：《利维坦》，黎思复等译，杨昌裕校，北京：商务印书馆，1985 年版，第 97 页。霍布斯说，这种和平条件在其他场合下也成为自然法（the laws of nature）。

象，也不能只有意图，而必须是二者同时具备。就此而言，霍布斯以及康德和基督教道德是一致的。

当霍布斯说到“理性的规则”（rule of reason）或者“理性的命令”（dictate of reason）时，才具有义务的含义。但是，很明显，这些规则或者命令是一种假言命令（ahypothetical precept），① 并不完全和义务等同。霍布斯说，节制是理性的规则，因为不节制会导致病态和死亡，但是，除非保存生命并且活得好是一项义务，否则节制就不可能是义务。对此，霍布斯心中十分清楚，他称这些规则是“权利”而不是“义务”。② 真正说来，这些理性的命令（dictates of reason）只是理性的格言（sayings）或者是声明（pronouncements），而不是理性的命令（commands）。

不得不提到的是，对于霍布斯来说，如何区分道德的行动和必要的行动或者说审慎的行动是非常关键的，但这却是霍布斯的道德理论中最模糊的地方。③ 因为霍布斯为了保证政治科学的有效性，也就是政治秩序能够有效地被实现，降低了政治对人的德行要求，将政治科学的基础放在人的自我旨趣上，这也是构成权利规则的核心内容，但这些审慎规则并不能被称为真正的义务，不享有道德的荣耀。霍布斯的这个疑难也是近代道德问题的深层根源，其中的悖谬和矛盾是推动近代自然权利学说不断发展的动力，从霍布斯到洛克、卢梭，一直到康德才在概念上真正解决近代道德观念的深层基础问题。

对于霍布斯的利维坦来说，死亡是悬在每个公民头上的达摩克利斯之剑，死亡是最终极的维持秩序的力量，所以其公民必须是驯服的人，是一群逃避暴

---

① 关于假言命令和绝对命令的区分只有在莱布尼茨那里才得到进一步的区分和阐释，到了康德那里，道德律很显然只能是绝对命令，是无条件的。但是不论是莱布尼茨的区分还是康德接受这样的区分，源头都在霍布斯这里，这是关于道德概念的一个巨大的变化，霍布斯开始了传统的义务向近代的义务变化的过程。

② 〔英〕霍布斯：《利维坦》，黎思复等译，杨昌裕校，北京：商务印书馆，1985 年版，第 97—98 页。

③ Michael Oakeshott, “The Moral Life in the Writings of Tomas Hobbes”, *Hobbes on Civil Association*, Indianapolis, Indiana, 1975, Liberty Fund, Inc. pp. 98—121. 也参见〔美〕列奥·施特劳斯：《霍布斯的政治哲学：基础与起源》，申彤译，南京：译林出版社，2001 年版，第 27 页。

死的理性的人，不是不畏死的英雄。政治状态成为一个安全的世界，政治世界的目的是公民的权利，不再是德行了，在霍布斯的道德观念中，不再有至善，只有至恶，这就是暴死。《利维坦》的另一个标题是“关于国家的形式、质料、动力的研究”，这里唯独缺少了亚里士多德的四因说中的目的因，因为至善是很难达到的，但是至恶却是能够确定被避免的。

### 2. 自然哲学

在霍布斯的哲学中，人被驯服了，但何以能够被驯服？人的性质、角色的改变意味着人在自然中的位置被改变，从而整个自然也被改变，世界图景也会呈现不同的面貌。古典世界和中世纪在某一点上是共同的：人都被镶嵌在存在的大链条中，世界存在着一个目的，人的德行要求和这一目的是一致的，霍布斯坚决地拒斥了这一传统的看法。

在霍布斯的思想中，他的“公民哲学”隶属于一个哲学体系，因此解释他的政治学的人就不可避免地要探寻这种体系的特性。也许霍布斯的道德观念的困境正是由其整个哲学体系的某种性质决定的，列奥·施特劳斯曾提醒我们说，霍布斯的政治哲学的真正基础乃是新的道德态度，但是却由于他接受了近代科学的影响，从而将这种道德态度也即其政治哲学的真正基础掩盖了起来，在表面上看来似乎成为道德中立的，霍布斯在其早期生涯表现为一个人本主义的道德哲学家，但后来却成为一个唯物主义哲学家，一个机械论者。①

列奥·施特劳斯对霍布斯的研究是独树一帜的，也可以算是对霍布斯研究的一个转折点，在此之前，人们长期以来一直将其作为一个唯物主义哲学家对待，他的政治哲学也是自然主义的。所谓“公民哲学”是基于“自然哲学”的政治学阐述，他把政治学吸收进关于这个世界的唯物主义原理中。施特劳斯认为，霍布斯哲学体系的唯物主义是毋庸置疑的，但是，这对于霍布斯来说却掩盖了其真正实质性的东西，他试图用唯物主义的形式来表达他的洞见，但却适得其反。奥克肖特对列奥·施特劳斯的霍布斯研究非常赞赏，称赞施特劳斯对霍布斯研究的矫正性作用，但是他并不同意关于霍布斯的体系是唯物主义的观点。②

---

① 在列奥·施特劳斯看来，霍布斯的自然科学和政治哲学是相互冲突的，在《霍布斯的政治哲学》中，施特劳斯好几处谈到了这个问题，在第 8—17 页说到，霍布斯对科学的分类，基于把存在的事物分为自然和人为的。但是，这并不是真正的区分，因为有些人工产品也是自然科学的对象，根本上有别于所有自然事物的，是能够塑造出公民或者国家，把自己变成一个公民的生产性存在。……如果在霍布斯那里政治哲学成为自然科学的一部分，那么他的政治哲学就是自然主义的，如果二者相互独立，那么他的政治哲学就是人类学的。这个问题不仅关系到方法，也关系到实体内容本身。如果是自然主义的，那么霍布斯的自然欲望就是机械论的，这样人的权势欲就和动物的欲望是同样性质的，必然导致霍布斯的道德学说的毁灭。在施特劳斯看来，霍布斯的政治哲学的基础恰恰在于一种道德态度，这在两个公理的关系中可以发现：自然欲望公理和自然理性公理。自然欲望的表现用虚荣自负来说明就是表明一种道德态度，自然理性教导人从虚荣自负中警醒过来，这是主张新的道德。第 32 页谈到，霍布斯政治哲学的基础，不是来自道德中立的动物欲望（或道德中立的人类权力基础）与道德中立的自我保存之间的自然主义对立，而是来自根本上非正义的虚荣自负与根本上正义的暴力死亡恐惧之间的人本主义的道德对立。第 201 页谈到，关于自然的一个特殊观念，则是霍布斯的道德哲学观点和政治哲学观点的未予明言的基础。按照这个自然观念，自然界不存在任何秩序，因而不存在任何品第之分。人能够改造自然，这一切就是文明的成果，所以在这个自然观念中，人和自然是相对立的，这是个二元论的自然观念。但是这个二元论，被霍布斯的一元论的唯物主义形而上学所掩盖。也参见：Michael Oakeshott，“Dr. Leo Strausson Hobbes”，*Hobbes on Civil Association*，Indianapolis，Indiana，1975，Liberty Fund，Inc. pp. 141—158.

② 〔英〕奥克肖特：《〈利维坦〉导读》，应星译，梁敬东编：《现代政治与自然》，上海：上海人民出版社，2003 年版，第 184 页。也参见 Michael Oakeshott，“Dr. Leo Strausson Hobbes”，*Hobbes on Civil Association*，Indianapolis，Indiana，1975，Liberty Fund，Inc. pp. 141—158.

奥克肖特说，霍布斯哲学的连贯性、哲学体系并不在于某种建筑结构，而在于某种独特的、贯穿各部分的充满激情的思想，“这个体系不是哲学迷宫的平面图或要诀；它倒像阿里阿德涅的线团一样是引导性的线索，它就像音乐一样赋予舞者的动作以意义”①。霍布斯的哲学乃是一面镜子，镜子反映这个世界的形象，但它们又被镜子本身的特性所决定，笔者由此更进一步认为，在霍布斯那里，对事物本身是什么样子以及事物在我们看来是什么样子之间就有着区分的意识，这一点直到康德才真正成为哲学自身的主要问题。霍布斯对体系的不断探究直到《利维坦》才成熟，此时霍布斯已经63岁。类似的，直到《纯粹理性批判》问世，康德的体系才定型，此时康德也已57岁。对于霍布斯和康德来说，表明其独特性的思想在早期就已出现，但都因为体系的要求不断地需要对同时代的科学作出反思，因此其体系达至成熟经历了漫长的探索过程。

对于霍布斯来说，哲学就是推理（reasoning），推理关心的只是因果，它的活动必然只是在一个因果关系构成的世界中，人的认识无法从关系达到对存在的认识。对霍布斯来说，关于存在的性质不属于哲学，对世界的沉思不产生任何真理，世界是什么并不重要，所以哲学拒绝将宇宙作为一个整全去思考，排除无限之物，排除永恒的、构成终极因的事物。霍布斯并不否认存在启示的认知方式，但是哲学不同于启示。奥克肖特认为，这种标出哲学边界的方法并非霍布斯的原创，其根源可追溯到奥古斯丁，中世纪的继承者是司各特和奥卡姆。② 霍布斯的机械论因素源自他的理性主义，他说理性的世界可比作一台机器，推理是对这种机械论的解释，就是对因果关系的解释。

霍布斯的思考从感觉开始，他要问的是感觉的原因是什么，但凭借的并不

---

① 〔英〕奥克肖特：《〈利维坦〉导读》，应星译，梁敬东编：《现代政治与自然》，上海：上海人民出版社，2003年版，第184页。也参见 Michael Oakeshott，“Dr. Leo Strauss on Hobbes”，*Hobbes on Civil Association*，Indianapolis，Indiana，1975，Liberty Fund，Inc. pp. 141—158.

② 〔英〕奥克肖特：《〈利维坦〉导读》，应星译，梁敬东编：《现代政治与自然》，上海：上海人民出版社，2003年版，第185页。

是观察或者实验的方式，而是推理的方式。他问的不是现象世界的知识，不是事物外表的知识，而是关于知识本身的。霍布斯说，感觉和回忆有关，一个人的经验正是对感觉事后印象的回忆，从人的记忆能力还可推出另外一种能力——想象。想象依赖过去的感觉，这些感觉有两个东西属于经验，是经验的结果，其一是历史，这是过去经验按序排列的记录，其二是审慎，这是通过回忆以前所发生的事情而预期未来的能力。这是实践智慧，是对因果的评判，但这是实践而不是理性的评判。① 不过这和哲学知识有别，因为经验是有条件的，而推理则是普遍的。

为了克服这种感觉—经验的限制，必须意识到感觉，必须具备反思的力量。在霍布斯那里，语言能够提供这一点，它使反思成为可能。语言是给形象的赋名，它是所有推理的前提，推理就是名词的加加减减，推理带来了一般性的知识，带来了真理及其反面。这是唯名论的教诲。霍布斯说："当我们在推理中对某件事的原因作总结时，我们的意思只能是，这些是可能有效的原因，而非实际的原因。"霍布斯自始至终都认为哲学是关于事物名词而非关于事物特性的假言概括和总结的知识。

霍布斯的公民哲学也是其哲学体系的体现，公民哲学处理的是公民结合体的产生或者构成原因。这一点，也正是列奥·施特劳斯强调的人类学的内容，人和自然的真正不同之处，即人的心智活动，就此而言，推理和意志都独属于人类，但霍布斯强调的是自然地属于人类的，就此而言，推理更是属于后天习得的，只有意志才是自然的人类心智活动。人工产品的原因就是人的意志，意志是深思熟虑的最后欲望，欲望的关键乃是对欲望的欲望，这就是意志之间的关系，最终公民结合体就是一个意志的产物。

因此，在霍布斯看来，人主要不是推理的生物，从根本上说还是充满激情的动物。正是通过重要性不亚于推理的激情，人才找到了他的解救之道。② 在

① 〔英〕奥克肖特：《〈利维坦〉导读》，应星译，梁敬东编：《现代政治与自然》，上海：上海人民出版社，2003 年版，第 189 页。

② 〔英〕霍布斯：《利维坦》，黎思复等译，杨昌裕校，北京：商务印书馆，1985 年版，第 96 页。

康德那里，意志是独特的，甚至是理性的意志，所以在康德看来，人的得救更主要是哲学的。但霍布斯看来比任何作家都怀疑人能够凭借关于整全的知识从必然性中解脱出来。对霍布斯来说，人的困境的真正解救之道，既不是宗教也不是知识，而是激情。人首先是激情的生物，他的得救不在于他的性格的自我克制而在于它的完成；人的欢愉不是享乐，但是也没有终极性的满足或者寄托；对此世的人来说，解救是困难的，公民结合体所提供的知识是与他的得救有相关价值的东西，它提供了对某些状态的排除，它是否定性的礼物。利维坦这个正义和欲望的尺度是一个既不应被藐视也不应被高估的发明。①

① 〔英〕奥克肖特：《〈利维坦〉导读》，应星译，梁敬东编：《现代政治与自然》，上海：上海人民出版社，2003 年版，第 240—241 页。

# 第三编　近代法权秩序：意志与理性的趋近

## 一、意志的解放

霍布斯所继承的中世纪末期的唯名论本是令人绝望的，之所以如此，是因为它是对吸收了古希腊哲学的经院主义的反动。邓·司各特是神学家中决意恢复一度被哲学篡夺的上帝全能的第一人，也是最卓越者，与阿奎那不同，他始终关注的乃是信仰与理性之间的断裂而非和谐。在司各特看来，意志是优先于理智的，是上帝创世的首要原则。意志之所以比理智更加高贵，乃是因为它是自身的原因。上帝的创世行动本身乃是一种自由的或说偶然的意志选择，并不具有理智的必然性。由此，上帝和其造物之间的必然性被打破了，两者之间的关系乃是纯粹偶然的，上帝和造物之间的联系只是通过三位一体的上帝中的耶稣基督道成肉身、死在十字架上才得以建立的，人的处境从而是偶在的。这种意志论消除了基督教神学中的希腊宇宙理论因素，从而导致希腊式的世界目的观也逐渐退场。

霍布斯更进一步抛弃了唯名论怀有的对于人类心灵的自然运作的信念，①人们本应由此陷入一种绝望的境地，这种绝望与加尔文教义中对于得救的绝望相比不相上下，但正是在这种绝望之中，霍布斯建立了希望：宇宙是理智不可理解的，不过人可以模仿上帝，无中生有，创造或者构建某物，人可以理解人

① 〔美〕列奥·施特劳斯：《自然权利与历史》，彭刚译，北京：三联出版社，2003年版，第178页。

造物，或者说正因为是人造的，所以才是可以理解的。人的智慧就是自由地建构。在尘世间，人能够创造的最大的人造物就是利维坦，它是人间的上帝，利维坦是现世中的恐怖之王，它释放出了人类激情的力量，或者说意志的力量。

霍布斯说："应该有用于裁夺所有可能陷于纷争的事物的共同尺度，……有人说，这种尺度就是正确的理性；假如自然事物之中，确实找得到或可知存在着这样的尺度的话，我就会同意这些人的看法，……但是，鉴于正确的理性并不存在，某一个人的理性，或某几个人的理性，就必须取代那个正确理性；而那个人或那些人，就是掌握着最高的君主权力的人。"① 不过，与其说是掌握着君主权力的那个人或那些人的理性，不如说是那个人或那些人的意志。霍布斯也提到：君主权力持有者与国家的关系不是头部与整个人的关系，而是心灵与整个人的关系，"因为他们有心灵，有意志，他可以赞同，可以拒绝。类似的，一个国家也有意志，也可以通过并只有通过主权者来表示赞同或拒绝。头部所适合的类比是主权者的顾问群体或（如果它只有一个顾问的话）某个顾问。"②

如果说，霍布斯彻底颠倒了传统的灵魂秩序，将激情置于理性之上，那么，与此同时，理性的含义也发生了变化，理性成为一种权力，或者说，是一种权力意志。理性在德行意义上成为中立的，仅仅是一种工具，现代社会的先知弗朗西斯·培根的名言——"知识就是力量"——可谓一语中的。

### 1. 俄耳甫斯的隐喻：政治与科学

最初，马基雅维利的"现实主义"教导人们：理性并非按其本性就是追求纯粹的真理的，相反，它是服务于激情的。马基雅维利认为，人类理智为了达到对人类本性的把握，必须屈尊先行研究动物的本性；而培根则认为，为了达到对人类理智自身的把握，我们首先不惜屈尊去学习机械艺术，只有这样我

---

① Hobbes, *The Elements of Law Natural and Politic*, part 2, chapter 10, 8, http://etext.lib.virginia.edu/toc/modeng/public/Hob2Ele.html. 录于2005.09.20。

② 〔英〕霍布斯：《论公民》，应星、冯克利译，贵阳：贵州人民出版社，2003年版，第70页。

们才能达到像机械一样把握所有自然的高度。

显然，培根在“现实主义”上更胜马基雅维利一筹。“如果有人力图面对宇宙来建立并扩张人类本身的权力和领域，那么这种野心（假如可以称作野心的话）无疑比在一国之内以及在人群之间扩张自己的权力这种野心要健全和高贵多了。”“而说到人类要对万物建立自己的帝国，那就全靠方术和科学了。因为我们若不服从自然，就不能支配自然。”① 培根认为，最令人们感激不尽的并非英雄们的业绩，甚至也不是共和国缔造者们的伟大壮举。使人们感恩戴德的是那些极大地解救人类状况的事物，这就是各种发明创造。先贤对于发明家们都赋予神的尊荣，而对于城邦或者帝国的缔造者、立法者、拯救国家于长期祸患的人至高不过是赋予英雄的称号。发明之利可以泽被人类，永垂千秋，而国政方面的改革很少不是经过暴力与混乱而达成。“发现可以算是重新创造，可以算是模仿上帝的工作”。

培根的主张之革命性不在于他认为任何现实的政治制度都是不完善的——这一点毫无新意，而在于他认为，只有在征服自然方面取得重大进步之后才能设想理性政治制度的可能性。在他看来，这一进步会使人们懂得他们究竟可以期待什么。培根的确宣称他知道某些有关终极性的政治主张，其中之一即是那种导致创造发明的科学方法，这要求一种迥异于循环论的历史观。发明创造超越了人们所说的无限恶性循环，“这一学说提到出生、成长、衰老、死亡的循环周期，也提到星体的往复轮转、四季的更迭，还提到人类生命的代代相随，国家和共和国的朝代更迭。所有人类事务都被看做匆匆过客，短暂易逝”②。培根认为，人们应该放弃这种对循环的自然承受态度，要达到未来的理想政治制度，首先应对人们的这种态度当头棒喝。

培根的政治论著不断地论述如何使人们能够走向他的理性共和国——新大西岛。这显然是为反驳柏拉图的大西岛而构想的。在柏拉图那里，大西岛毁于一场地震，雅典遭受一场洪灾，但劫后余生，培根的新大西岛颠倒了柏拉图的

① 〔英〕培根：《新工具》，许宝骙译，北京：商务印书馆，1984 年版，第 104 页。

② 〔美〕列奥·施特劳斯：《政治哲学史》，李天然等译，石家庄：河北人民出版社，1993 年版，第 419—420 页。

神话，新大西岛遭受的是洪灾，这暗示那里的居民幸存了下来。① 更进一步，它还拥有雅典不曾拥有的科学，即培根式的科学。这一科学超越了时代的变易兴亡，在培根那里，变易兴亡既指自然，又指人事。② 新大西岛是一个超历史的领域，培根用它来否定那种认为社会变迁周而复始的观点。

培根选择以解释古代神话的方式来阐述自己的政治主张，一个重要的原因是，古典神话被看成是通过研究自然和征服自然而通向神圣性的途径，这暗示着，如果不是碰到亚里士多德和基督教，人类也许早就创造出一个征服自然的社会，而不必等到培根了。③ 培根认为，亚里士多德的理论和基督教对人类自然知识的增长构成了严重的阻碍，这在他的俄耳甫斯神话④解释中可窥一斑。⑤ 俄耳甫斯神话在培根的寓言解释中的位置并不低于新大西岛神话，通过俄耳甫斯这一形象，培根指出了其新政治学的难题以及可能的解决途径。

在培根看来，俄耳甫斯表现了普遍哲学，俄耳甫斯的乐声有两种功能，讨好冥府及吸引野兽和树木。前者被理解为自然哲学，后者被理解为道德和政治哲学。因为自然哲学最崇高的任务首先是恢复和更新不能持久的东西，其次是把事物保持在当前的状态，延缓老化和死亡。这是一项艰难的工作，神话中的俄耳甫斯失败了，因为俄耳甫斯心中挂念妻子，忍不住回头，从而违背了诫令。培根说，这意味着失败的原因是因为好奇、没有耐心或者过早地瞎忙碌。“一旦发现自己不能胜任这项伟大的事业，哲学怀着忧郁的心情转向了适合自

① 〔英〕培根：《新大西岛》，刘小枫编：《论古人的智慧》，李春长译，北京：华夏出版社，2006年版，第123—124页。

② 〔英〕培根：《培根论说文集》，水天同译，北京：商务印书馆，1983年版，第203页。培根在此也提到了洪水和地震：“那掩埋一切的大殓衣有两种：洪水和地震。……还有可注意者就是那幸而得救的遗民多是无知识的山居之民。”

③ 〔美〕列奥·施特劳斯：《政治哲学史》，李天然等译，石家庄：河北人民出版社，1993年版，第425页。

④ 俄耳甫斯（Orpheus），缪斯之一卡利俄珀的儿子，他能以琴声使山林、岩石移动，使野兽驯服。

⑤ 佩特森认为：“道德与政治哲学家俄耳甫斯不仅表示整个哲学，而且特指苏格拉底以后的古代哲学。”见〔美〕佩特森：《培根的俄耳甫斯神话——〈论古人的智慧〉中作为科学目标的权利》，刘小枫编：《论古人的智慧》，李春长译，北京：华夏出版社，2006年版，第165页。

己的人类事务，通过说服和雄辩潜移默化地让人们热爱美德、公正与和平，教导他们团结友爱、服从政府、自我节制和遵纪守法。”① 哲学转向人间事务，也取得了很大的成就，“同样美妙的歌声和琴声引来了各种各样的野兽，去掉了它们的兽性，让它们忘记了所有的争吵和凶残，不再受七情六欲的驱使，不再为填饱肚子而追赶猎物。它们温和友善地站在他周围，像在剧院里一样，倾听他悠扬的歌声。不仅如此，美丽无比的乐曲甚至感动了树木和石头，使它们离开了原来的位置，在俄耳甫斯的周围井然有序地站好。”② 不过这一切并不长久，培根认为，依靠智慧所完成的事业尽管在人类世界中是无出其右的，但它们也有自己的兴衰沉浮。国家总会在繁荣一段时间以后出现动荡、骚乱和战争。

培根对俄耳甫斯神话的解释表明，“道德和政治哲学”显然处于一个次要的位置。首先，它总是在征服自然之后才进行的；其次，培根在别处也说到，政治事务的成功大小取决于政府自然能力的大小。俄耳甫斯是想要从冥府中带走自己的妻子，这暗示着，培根的自然哲学试图征服死亡，他将此寄希望于医学的发达。只有在征服自然失败以后，俄耳甫斯才“忧郁地”转向了政治事务，有位学者认为这暗指苏格拉底的转向。苏格拉底以前的哲学家对自然进行了认真地探索，但从柏拉图开始，政治和神学的野心以及追求文学创作的欲望削弱并败坏了这种探索事业。培根似乎强烈地想抛弃苏格拉底的“说服”哲学，但他试图借助这一手段，只要达到目的就丢弃这种手段，他的神话解释实际上试图借助修辞来根本地改变西方哲学甚至基督教，现代科学无处不在的影响也印证了培根对西方哲学的巨大转变，自然科学激发的希望战胜了俄耳甫斯的忧郁，从而也根本上扭转了苏格拉底的方向。

笛卡儿甚至照搬培根的语言说，奠基于新方法并旨在征服自然的哲学会为哲学争得最大的荣誉，并给社会带来最大的利益。因此，笛卡儿的政治学说关注的是科学和社会之间的和谐关系，也因此，达朗贝尔才认为笛卡儿为“建立

① 〔英〕培根：《论古人的智慧》，李春长译，北京：华夏出版社，2006年版，第34页。

② 同上注，第33页。

一个比以往所建立的更公正的、更令人愉快的政府奠定了基础”。

笛卡儿和霍布斯一样，认为理性是服务于激情的，理性还必须为方法这个人造物所武装：“因为单有聪明才智是不够的，主要在于正确地运用才智。”但他抛弃了霍布斯的平均主义，笛卡儿是以强者的眼光来看待政治社会的，他们对于其决心以及激情的意识是独一无二的，这是强壮的或宽宏的心灵。宽宏（generosity）是一种政治激情，它的目标是控制自然以便为一切人带来好处。在笛卡儿那里，一种新的方法只有和一种新的激情相结合才能够贡献最大的力量。也就是说，理性服从于激情，实际上是遵循笛卡儿式的方法的理性服从名为宽宏的激情。

笛卡儿关于新方法的反思即在“火炉”前的日子的反思是在宗教战争期间进行的，这种反思实际上就是寻求新的统一根据。笛卡儿这样开始他的反思：“在那些思想当中，第一个是我注意到：拼凑而成、出于众手的作品，往往没有一手制成的那么完美。我们可以看到，由一位建筑师一手建成的房屋，总是要比七手八脚利用原来作为别用的旧墙设法修补而来的房屋来得整齐漂亮。”①作品是大师的成果，从而作品就是对理性的最高使用，笛卡儿提到了建筑师、立法者、一个具有良知的人自然而然地简单推理、一个不受欲望和教师的支配只受理性指导的唯一的人。最完善的统一性根据就在于人类理性的无依无靠地使用，这也正是理性在宽宏指导下的使用。

笛卡儿的方法或者笛卡儿的沉思都是试图能够找到清除心灵理性运思受影响的欲望和教导的程序或方法。我们从孩童时期就受到了欲望和激情的偏见的影响，清除偏见必须从感官感觉开始，方法将数学作为摹本，因为它与感官无关。这种方法不仅适用于身体，而且必须对所有的物体进行全面的控制，这是一门数学物理。一旦这种方法得以普遍地实施，通过对自然的征服和占有，人们可以发明出无数的人造物品，从而使得我们能够没有痛苦地享受大地上的果实以及一切令我们舒服的物件，于是人间天堂就可能实现。

① 〔法〕笛卡儿：《谈谈方法》，王太庆译，北京：商务印书馆，2000 年版，第 11 页。

培根和笛卡儿最早唤醒了人性深处的“启蒙”政治理想之梦。笛卡儿对此前景充满了乐观，不过在其原创者培根那里，似乎已经出现了某种担忧：知识力量的最终益处决定于被掌握在什么人的手中，科学本身提供的希望并不能完全将人从悲惨和痛苦的命运中解脱出来。但是这深沉的忧伤在跨进了18世纪的门槛之后，旋即被前所未有的对于科学的乐观情绪完全遮蔽了。

### 2. 专制主义（absolutism）

1720年，沃尔夫（Christian Wolff）的一部大作面世了，其标题便充分展示了18世纪人们的雄心与乐观：“关于上帝、世界和人的灵魂以及所有通达于真理之热爱者的一般事物的思考。”理性就像一道强光穿越了大片黑暗的云层，将光明普照在高山、森林、河流以及村庄之上。在人类各个学科领域，都弥漫着人类理性强烈的乐观精神，通过理性，人们可以克服以往所有的偏见、罪恶、浮夸、无知、迷信、残忍、偏袒以及幻想，人们将以智慧、德行、理性以及自然为无上尊荣，人的至高目的是个人以及公共的福利，人们在精神上变得有品位并且机智，在信仰上虽然不太热心，但可以确认相信上帝、自由以及不朽。①

达朗贝尔说，18世纪中叶，人们的观念在某些方面发生了极为显著的变化，“这种变化的速度之快，似乎预示着一种更为巨大的转变即将来临。唯有时间才能告诉人们这场革命的目标、性质和范围……新的观念、新的思维方式、新的宇宙景象激发了人们的亢奋情绪，这种亢奋又如决堤河流，在大自然中四面八方地急流前进，汹涌地扫荡挡住去路的一切，于是，从世俗科学到宗教歧视，从形而上学到鉴赏力，从音乐到道德，从神学争辩到商业问题，从自然法到实在法……这一切都受到了人们的讨论”②。

人们通常将18世纪概括为启蒙的世纪、理性的世纪，或者是哲学的世纪。

---

① Karl Barth, *Protestant thought: from Rousseau to Ritschl, being the translation of eleven chapters of Die Protestantische Theologie Im*19. Jahrhundert, NewYork, Harper, 1959. p. 12.

② 〔德〕E. 卡西勒：《启蒙哲学》，顾伟铭等译，济南：山东人民出版社，1996年版，第1—2页。

学者格茨（Walter Goetz）将这个时代定义为专制主义的时代（the Age of Absolutism），这样的定义可能意指这个时代众所周知的政治结构，这在路易十四、腓特烈大帝以及约瑟芬二世的统治中表现得尤为明显，但是政治结构在所有的时代都不过是那个特定时代的普遍意义上的生活秩序的表达，就像莱布尼茨曾说的，他那个时代是伟大君主的时代，也是自然神论的时代、形而上学的时代。政治秩序和精神秩序是相通的，“专制主义”最普遍的含义不过是人的生活秩序是奠基于对人的权力的万能的信仰。人，发现了自己的权力、才能，发现了其潜藏的能力，他将其本身视为最终的、真实的，也是绝对的。人因此而是绝对的人。

就 18 世纪的政治结构而言，最明显的特征恐怕首先是否定意义上的：不再有皇帝的统治了。虽然一直到 1806 年，欧洲古老的帝国在外表形式上宣告了她的寿终正寝，但实际上，神圣罗马帝国在三十年宗教战争时期，尤其是在与路易十四的战争时期，就已经表现得全无力量了。虽然在 1765 年，在约瑟芬二世的皇帝加冕礼上神圣帝国的形象给年轻的歌德留下了深刻的印象，但这残余的辉煌早已过时，只等历史的黄土来掩埋了。托克维尔说，摧毁欧洲旧秩序的法国大革命，只不过是长期以来积累的毁灭力量的大爆发而已。帝国在理论上是欧洲版图上大大小小的各个政治单元之间的秩序的保证，她既保证各个王国之间的团结统一，又协调相互之间的利益争斗，同时在其内部确立了一套等级制度。皇帝在名义上是中立的，也就是说，她的协调角色不仅是保护上层等级对下层等级的权利，而且也确保下层等级反抗上层等级的正当权利。换句话说，帝国拒绝任何类型的政治专制主义，她不允许任何一个等级坐大、独享权力。她代表了某种第三方力量，这种力量支撑起了政治体之间以及上下层等级之间的敌对结构。这也是她号称神圣罗马帝国的理由。所以专制主义的开始实际上意味着帝国的终结。①

1648 年三十年战争的结束，瑞士从帝国中分裂了出去并宣布了独立，《威

① Karl Barth，*Protestant thought*：*from Rousseau to Ritschl*，*being the translation of eleven-chapters of Die Protestantische Theologie Im*19. Jahrhundert，NewYork，Harper，1959. p. 20.

斯特发里亚和约》“把皇帝的权力限制到了最小限度，并确定了帝国等级自由的完全优势”，帝国权力的没落和帝国内部邦国的兴起形成了对照。① 与帝国相应的旧法兰西王国，在1648年战争结束后也宣告了其帝国观念的终结。也正因为此，路易十四的君主国才是可能的。路易十四正是政治意义上绝对的人的典型，专制主义的政治含义意味着在皇帝这一机构以及其实际的作用消除以后，政治体中一个等级拥有决定法律的权力，这一法律体系对其他等级具有实际的效力，最有可能而实际上也正是那些高层等级如君侯、城市寡头执掌实权，把他们的意志装饰以法律的名义，这些实权者称王时往往以“上帝的荣耀”为名，这不过是一个冠冕堂皇的借口而已。我们发现一个世纪以前的博丹的理论都成了事实。

## 二、意志的理性化：以卢梭为例

不可忽视的是，与专制君主同时兴起的还有另外一个阶层。我们可以暂时称其为商业阶层，绝对的权力和追求财富的欲望很容易达成一致，君主国家有意识地培育了资产阶层。君主追求绝对的权力，需要庞大的军队，也正是在这个时期，近代国家的常备军制度确立，这要求巨大的财富。财富的争夺必然伴随着大规模的战争。17、18世纪近代欧洲各国的战争频繁而且普遍。绝对的权力携着巨大的追求财富的欲望横扫一切障碍，最根本的解决途径就是战争。在这些绝对的君主政体国家中，形成了一种奇怪的局面，权力的要求必然会导致最后的对外征服战争，而在国家内部，权力的集中、财富的积累营造了一片繁荣的景象，各种艺术和科学也一起粉饰这种景象，但这隐含着巨大的社会危险，似乎只有明智的英国避免了这一命运。在欧洲大陆一个小地方，有一个敏感的人已经发现了这一繁荣景象背后的危机。

---

① 〔德〕马克斯·布劳马赫等：《德意志史》第二卷，上册，陆世澄等译，高年生校，北京：商务印书馆，1998年版，第229—231页。

让－雅克·卢梭在1750年第戎学院的征题——“论以下问题：科学和艺术的复兴是否有助于敦风化俗?”中，赞叹了欧洲最近几个世纪以来的奇迹：

看一看人类是怎样通过自己的努力而脱离了一无所有之境，怎样以自己的理性的光芒突破了自然所蒙蔽着他的阴霾，怎样超越了自身的局限而神驰于诸天的灵境，怎样像太阳一样以巨人的步伐遨游在广阔无垠的宇宙里，那真是一幅宏伟壮丽的景象。①

不过，卢梭也表达了人们对人类的性质、责任与归宿的认识的不满，他说，精神和身体一样都有自己的需要。身体需要是社会的基础，精神需要是社会的装饰。

政府与法律为人民集体提供了安全与福祉；而科学、文学与艺术，由于它们不那么专制因而也许更有力量，就把花冠点缀在束缚着人们的枷锁之上，它们窒息人们那种天生的自由情操——看来人们就是为了自由而生的，——使他们喜爱自己被奴役的状态，并且使他们成为所谓的文明民族。②

卢梭将当世的人们称为“快乐的奴隶们”。

如果说，在霍布斯那里，激情得到了解放，那么到了卢梭这里，激情则开始了反叛，激情本身是主动的，激情夺占了理性的位置，它愤怒地声讨那放荡不羁的过去，开始以加图式德行的那种严峻的语调来对理性的堕落作出判决。③ 在列奥·施特劳斯的研究中，卢梭代表了现代性的第二次潮流，既是对现代性的推进，又是对现代性的反对。卢梭出身贫苦，从其父亲得到的教育，

---

① 〔法〕卢梭：《论科学与艺术》，何兆武译，北京：商务印书馆，1963年版，第6页。

② 同上注，第7—8页。

③ 〔美〕列奥·施特劳斯：《自然权利与历史》，彭刚译，北京：三联出版社，2003年版，第257页。

既有古罗马的高傲的勇气，还有尖酸的愤世嫉俗情绪。他当过学徒、仆从、家庭教师、私人秘书以及迷茫的音乐家，也出入过宽厚的农场主们的沙龙。卢梭太过于敏感，无法容忍丝毫的虚荣与不真诚，他也无法容忍自己卑躬屈膝地加入富人行列。“比起辉煌的奴役，我更看重惨淡的自由”，卢梭似乎安于自己注定的贫苦的命运，且对命运表达了感激，“为什么会有一些心灵对于伟大、崇高、悲怆之事如此敏感，另一些心灵似乎只是卑躬屈膝、阿谀奉承？命运似乎对此作出了某种补偿。命运没有提高前一种人，却在荣耀与高贵方面使他们与后一种人比肩”。

卢梭向整个社会发出了控诉，他只需诉说自己的内心即可。卢梭也是最善于将自己的个人体验上升为普遍的意见的，他是一个演说者，仿佛周围有一群听众，随着情感从现实到想象中的普遍化的发展，他的听众逐渐发生了改变：日内瓦公民，伟大的雅典人，最后是全人类。

### 1. 自然状态与自然权利

第戎学院的征题似乎是专门为卢梭设计的，每一次的论题都如给卢梭激情的思想火花添加了燃料，使得卢梭的创作激情难以抑制，不由得将其长期的思考形诸笔端。第一次征题，卢梭创作了《论科学与艺术》，也是其著作系列的第一篇谈话——卢梭后来认为这“不过是一篇平庸的东西罢了”。与其说这篇短文没有提出确定的东西，不如说它引出了卢梭的问题，这是后来卢梭的思想发展的一个关键性因素。①

这个问题本身是一个古老的问题，既是一个哲学问题，也是一个神学问题，卢梭本人将其定义为文明的问题。征文的标题已经表明了这一点：科学和艺术的复兴是否有助于敦风化俗？这是一个科学与风俗、知识与德行的问题。这个主题曾出现于远古的神话中，卢梭也提到了这一点：“有一个古老的传说

① G. D. H. Cole, *Philosophy and Theology*, *Rousseau's Social Contract*, London, J. M. Dent & Sons Ltd. 1913, introduction. p. XI.

从埃及流传到希腊，说是创造科学的神是一个与人类的安谧为敌的神。”① 卢梭本人的主张似乎是神义论的：“天文学诞生于迷信；辩论术诞生于野心、仇恨、谄媚和撒谎；几何学诞生于贪婪；物理学诞生于虚荣和好奇心；所有一切，甚至于道德本身，都诞生于人类的骄傲。因此，科学与艺术都是从我们的罪恶中诞生的。”这似乎是《圣经》的调子。很多论者都注意到了卢梭论题的神学背景，如柯尔（G. D. H. Cole）曾说，一些神学家如胡克（Hooker）、波舒哀（Bossuet）论述政治时，都使用了《圣经》的术语以及理念，卢梭也分享了这些观念，并且使用了社会契约论的术语。②

卢梭的道德立场摇摆于“仿造的或虚假的基督教道德”与“古典（道德）的无望与胆怯的复活”之间。从小滋养着卢梭心灵的教育是古典的，尤其是罗马的，卢梭在其著作中多处谈到了古典的德行，他最向往的共和国是斯巴达式的。“古代的政治家从不休止地讲求风尚与德行；而我们的政治家则只讲求生意和金钱。”

不过卢梭确信，回到过去不再可能了，他似乎将德行的需求安置在基督教的历史救赎论结构中，在某种程度上继承并转化了基督教教义的教诲。霍布斯攻击了传统的三位一体教义，想要从政治的角度实现对人的拯救，笛卡儿表达了对理性的乐观情绪，自然神论表达了启蒙时代对生命的一种轻松或许显得肤浅的宗教感情。不过几乎与笛卡儿同时代，就有一位忧郁的先知，对人的生存的悖谬性进行了深刻的探讨——帕斯卡尔认为，我们到处都发现，人不是完满和谐的存在，而是分裂为与自身相对立、背负着种种最深刻矛盾的存在。这些矛盾是人性的耻辱。

---

① 〔法〕卢梭：《论科学与艺术》，何兆武译，北京：商务印书馆，1963 年版，第 20 页。

② G. D. H. Cole, *Philosophy and Theology*, *Rousseau' s Social Contract*, London, J. M. Dent & Sons Ltd. 1913, introduction. p. X. 关于“社会契约论”的神学背景，可参考林国基：《神义论语境中的社会契约论传统》，上海：三联书店，2005 年版，第 110—119 页。国内关于卢梭论题的神学背景的研究可参看崇明：“卢梭社会理论的宗教渊源初探”，梁敬东编：《现代政治与自然》，上海：上海人民出版社，2003 年版，第 74—124 页。

一旦人企图理解自己在宇宙中的地位，就会发现自己被禁锢在无限和虚无之间，即不单单属于无限，也不单单属于虚无。人被提升到万物之上，也被贬黜到万物之下。人是崇高的又是卑下的，是伟大的又是可怜的，是强大的又是无能的。他的存在受到两股相反力量的撕扯：一方面是他不停地力图超越自身，另一方面是他始终使自己堕落到人性的水准之下。我们不可能逃避表现于人性的每一现象中的这种冲突，除了从现象转向其概念起源，从事实转向其原理，没有其他办法能解释这种冲突。只有堕落的神秘才能说明人性的这种不可还原的二元论。这种神秘能够使隐没在不可穿透的黑暗中的东西豁然明朗，虽然这一假设本身就是一种绝对的神秘；但另一方面，它又是开启我们最深奥的本质的唯一钥匙。人性的神秘，唯有用潜藏于其下的不可理解的神秘加以说明，才能为我们所理解。①

卢梭将这一神义论问题转化到了社会领域。他同样发现了对象本身的不合理性。卢梭对于文明命运的绝望，其原因及其悲剧就在于，他第一个就人类历史本身来看待人类历史总体，而先前人们都是在超越的世界中——在神圣天命中、在理型的不变世界中等等——来看待人类历史。“卢梭发现自己堕入时间的陷阱之中。如果没有回去的路，那拯救的唯一希望，实现人类幸福、正义、平等社会关系的和谐等等的唯一机会，就在于未来了。但是‘正是那个表明无回头之路的历史发展规律，同时也表明，未来意味着人类价值的毁坏’，因而，卢梭为我们设置了一个二律背反，一方是自然，另一方是政治社会（公民社会）、道德、理性与历史。”②

卢梭在《论科学与艺术》中发现，科学既产生于闲逸，反过来又滋长闲逸，因此它们对社会必然造成损坏。它使人们鄙夷地嘲笑祖国、宗教这些古老的字眼，因为太多的才智和哲学都用于毁灭和玷污人间一切神圣的事物。文艺

① 〔德〕E. 卡西勒：《启蒙哲学》，顾伟铭等译，济南：山东人民出版社，1996 年版，第 139 页。

② 〔美〕凯斯·安塞尔 - 皮尔逊：《尼采反卢梭——尼采的道德—政治思想研究》，宗成河等译，北京：华夏出版社，2005 年版，第 6 页。

产生的罪过更胜一筹，比如人们之间的相互攀比、虚荣，由此导致的奢侈必然和善良的风尚背道而驰，而谁都无法否认善良的风俗对于帝国的存续乃是最根本的事。风尚的解体又引起了趣味的腐化。“如果才智卓越的人们中间偶尔有一个人，有着坚定的灵魂而不肯阿世媚俗，不肯以幼稚的作品来玷污自己，那他就可要不幸了！他准会死于贫困潦倒和默默无闻的。”① 总之，随着科学和文艺的发展使得生活日益舒适、工艺日益臻美，也伴随着奢侈之风日益兴起，真正的勇敢被削弱，尚武的德行逐渐消失，道德品质日益败坏。卢梭问道：如果不是这一切在人间引起了致命的不平等的话，那么还能是从什么样的谬误中产生的呢？而这是一切结果中最危险的结果。

不平等的问题在第一次谈话中只是略微触及，第二次征文才给了卢梭详尽论述的机会。此时卢梭已经声名显赫，取悦他人、夺取桂冠对他已不再重要，如果说前一篇论文还保留着一些意图博取评审好感的章节，《论人类不平等的起源与基础》（以下简称为《论不平等》）则以其艰涩和纯净，显得对任何为赢得学院掌声而必需的谨慎和让步不屑一顾。让·斯塔罗宾斯基（Jean Starobinski）认为，《论不平等》看似最少体现卢梭的基督信仰，但作为对人的揭示，从头到尾就是某种特殊的宗教意义的行为，因而替代了基督的历史：

卢梭重新创作了一个哲学版本的“创世纪”，其中伊甸园、原罪、语言的混杂等等，一概不缺。这个关于起源的故事版本褪去宗教外衣，剥离神话涵义。它以另一种语言重复《圣经》，从而替代了《圣经》。《论不平等》的语言是一种推测沉思的语言，不存在任何超现实的成分。基督教的理论虽被废弃，其结构模式仍然为卢梭的思想服务。在最初的生存状态下，人呈现出某种近乎动物的特性。那时的人幸福——这种最初的生存状态就是“天堂”。人只有在有机会实行理性时，才脱离动物状态。随思索而来的，是有关善恶的认识应运

① 〔法〕卢梭：《论科学与艺术》，何兆武译，北京：商务印书馆，1963年版，第26页。

**而生，人焦虑地意识到分离存在之不幸：这便是“堕落”。①**

卢梭叙述了一部人的“历史”，在这里一切都是被质疑的。“对社会的基础做过一番研究工作的哲学家，都认为必须追溯到自然状态”。但卢梭认为，没有一个人真正追溯到了这种状态，“值得注意的是，他们个个都不厌其烦地在书中大谈什么人类的需要、贪心、压迫、欲望和骄傲，把人类只有在社会状态中才有的观念拿到自然状态中来讲：他们说他们讲的是野蛮人，但看他们笔下描绘出来的却是文明人”②。卢梭认为，自然状态并非人类曾经生活过的事实状态，这也是不符合《圣经》的描述的。“切莫把我们在这个问题上阐述的论点看做是历史的事实，而只能把它们看做是假设的和有条件的推论，用来阐明事物的性质，而不是用来陈述它们真实的来源。”③

卢梭认为，对起源的研究只能做一些几乎是想象的大致的猜测。不过我们发现他的论述处于现代自然科学和社会科学的背景中，他追随的是笛卡儿：

**每个动物都是一部巧妙的机器；大自然赋予这部机器以各种感官，使之能活动起来，保护自己，并在某种程度上防范一切可能伤害它或打扰它的事情。在人体这部机器上，我发现情况也完全一样，只不过有这样一个区别：动物的**

① 〔法〕让·斯塔罗宾斯基：《卢梭的〈论人类不平等的起源与基础〉》，吴雅凌译，刘小枫主编：《卢梭的苏格拉底主义》，北京：华夏出版社，2005 年版，第 11 页。

② 〔法〕卢梭：《论人与人之间不平等的起因与基础》，李平沤译，北京：商务印书馆，2007 年版，第 46 页。

③ 同上注，第 47 页。卢梭在这里的态度似乎有些模糊，他认为似乎作为假说性质的自然状态更有说服力，但又主张回到自然状态的必要。门德尔松认为，卢梭似乎不愿意看到假说的优越之处，列奥·施特劳斯有着更深入的思考：实际上，自然权利的存在和自然权利的裁可之间有着必然的联系，这个问题和人类在整体中的地位，或者说和人的起源有关。所以问题在于，思考正义必须去探寻正义是否以及在何种程度上具有某种独立于人类立法之外的支柱。在《社会契约论》第二卷第六章卢梭写道：“一切正义都来自上帝，唯有上帝才是正义的根源；但是如果我们当真能在这种高度上接受正义的话，我们就既不需要政府，也不需要法律了。……然而从人世来考察事物，则缺少了自然的制裁，正义的法则在人间就是虚幻的。”参见：〔美〕列奥·施特劳斯：《自然权利与历史》，彭刚译，北京：三联出版社，2003 年版，第 92 页。

**行为完全受自然的支配，而人却不然；认识一个自由的主体，它可以把受自然支配的行为与自己主动的行为结合起来。动物根据它的本能来决定它对事物的取舍，而人却可以自由地选择什么或放弃什么。①**

在卢梭那里，使人能够区别于动物的原因，不是人有智力，而是由于人有自由主动的资质，人虽然也受大自然的支配，但他认为自己是自由的，可以接受也可以拒绝自然的支配。但卢梭在这里拒绝一种意志论的二元主义，因为他紧接着说，有一个无可争辩的性质使得人和动物之间的区别极其明显，这个品质就是：自我完善的能力。这个能力在环境的帮助下，可以使其他能力得到发展，这个能力既存在于人的种类中间，也存在于个人身上。

对自然状态的探究乃是探究自然权利和道德原则的基础。在某种程度上，卢梭同意霍布斯的做法，也在先于理性的原则即激情中寻找自然法的根基，在自我保全的自然权利中寻找自然法的原则。但是卢梭也洞察到了霍布斯自然状态观念中的不一致之处。霍布斯的做法是：否认人的社会性，因为在社会中观察到的情感都是习俗性的；但另一方面，霍布斯又是从现状观察中得出自然权利的。这显然是矛盾的。卢梭推进了这一点：并不是关于人的阅历的反思，而只是某种特殊的科学程序才能够给人们带来关于人性的真知。卢梭的方法是“思索人类心灵中最初的和最单纯的运作”。不仅自然权利，而且自然法都必定植根于情感之中，自然法“必定直接道出自然之声”。它一定是先于理性的，是由自然情操或情感所驱使的。理性本身只能是社会化的产物。

卢梭实际上将近代自然权利观念推到了荒谬的地步。这种权利观念采取的是一种从无到有的“上帝逻辑”，即为了能够使人与人之间的关系从非社会性的走向社会性的，为了演绎出人的政治属性，必然在自然状态中偷偷地预先将这些属性安置在人身上，否则无中生有的奇迹无法实现。卢梭试图在其对自然状态的沉思中，彻底地驱除一切社会性的特征，实际上就取消了理性并进而取

① 〔法〕卢梭：《论人与人之间不平等的起因与基础》，李平沤译，北京：商务印书馆，2007年版，第57页。

消了自然权利的可能。

卢梭的自然状态中的人是没有善恶的，也是可善可恶的。他们“似乎彼此间没有任何道义上的联系，也没有什么大家公认的义务，因此，他们既不能被看做是好人，也不能被看做是恶人；他们既无邪恶之心，也无为善的美德”。自然状态的人必须保全自己。保全物种的本能分为两个部分：生殖的愿望和怜悯心。每个动物物种都具有自爱之心，怜悯心也是一种自然的感情，它能缓和每一个人只知道顾自己的自爱心，从而有助于整个人类的互相保存。在自然状态下，怜悯心可以代替法律、良风美俗和道德，它摈弃了“你们愿意人怎样待你们，你们也要怎样待人”这样一句富于理性和符合公正原则的格言，而采用“在谋求你的利益时，要尽可能地不损害他人”这样一句出自善良天性的格言。①

### 2. “萨瓦省牧师的自白”：不平等与道德

卢梭描述原始的野蛮人状态的画卷，是为了展示人类不平等的现象的由来。在自然状态下人与人之间的差别是远远小于社会状态下人与人之间的差别的，甚至有些被看做是自然的差别，实际上纯粹是人们在社会中养成的习惯和采取的各种生活方式造成的，比如一个人的体质是强还是弱，往往更多地取决于他是在艰苦的环境中成长，还是在娇惯的环境中成长的，其次才取决于其身体本身的素质。不平等现象在自然状态中是极不明显而且影响几乎是零。那么不平等到底从何而来呢？

自然状态中的人具有自我完善的能力。卢梭曾说这种几乎无可限量的能力同时也是人类一切痛苦的根源。这种能力随着时间的流逝使人获得了知识，同时也产生了许多谬误；既培养了道德，也犯了过错，最后终于使他成为他自己和大自然的暴君。但是这种能力不是靠它们本身发展的，必须要靠几种迟早要发生的外因的综合作用才能发展。如果没有这些外因，自然状态一直持续。简

① 〔法〕卢梭：《论人与人之间不平等的起因与基础》，李平沤译，北京：商务印书馆，2007 年版，第 75 页。

言之，人道在卢梭那里完全是偶然的产物，知识与堕落、道德与邪恶完全是一些偶然事件的结果，而这些偶然性事件在人身上留下了无可变更的印记。

卢梭说：“谁第一个把一块土地圈起来，硬说‘这块土地是我的’并找到一些头脑十分简单的人相信他所说的话，这个人就是文明社会的真正的缔造者。”① 不过从丧失原始状态到文明状态的出现，还存在着巨大的间隔。真正说来，自然状态的结束，只能发生在人类建立政治共同体，组织政府统治的时候，这是文明社会的开始，在这之前，人类已经经历了一段历史。

这一历史由重大的变革推动。卢梭提到的第一变革，源于原始的工具如石器、斧子的使用，人类建造了简陋的住所，建立了家庭，并拥有某种财产，进入了父系时代，“每一个家庭就是一个小型的社会”②。在这种新的状态下，他们过着简单而又闲适的生活，并将闲暇的时间用来追求父辈们未曾有过的舒适享受。卢梭说，这些舒适的享受成为他们的第一道枷锁。语言逐渐在家庭中完善，大洪水以及大地震将人们的居住区分割，从而使语言的使用得到推广，从此一切都改变了面貌，人们之间相互的接近获得了才能和美德观念，从而产生了偏爱心，也产生了虚荣心。卢梭说，这是走向人与人之间的不平等的开头第一步，也是走向罪恶的深渊的第一步。第二次巨大的变革是由冶金和农耕这两种技术的发明所引起，开始出现了劳动分工，人类开始从事不同的工作。

从一个人需要别人的帮助之时起，从他感到一个人拥有两个人的食物是大有好处之时起，人与人之间的不平等就存在了，私有财产的观念就开始形成，劳动变成了必要的事情，广大的森林变成各类需要用人的汗水浇灌才能变成绿油油的庄稼地；而且，人们不久就发现，随着庄稼地里的收成的到来，奴隶制

---

① 〔法〕卢梭：《论人与人之间不平等的起因与基础》，李平沤译，北京：商务印书馆，2007 年版，第 85 页。

② 同上注，第 89 页。也参见：〔法〕让·斯塔罗宾斯基：《卢梭的〈论人类不平等的起源与基础〉》，吴雅凌译，刘小枫主编：《卢梭的苏格拉底主义》，北京：华夏出版社，2005 年版，第 17 页。

和贫困也开始产生。①

对土地的耕耘必然会导致土地的分割，最初的占有者也许可以自称为土地所有人，但这种拥有并不正当。只有劳动才能使土地的耕作者对自己耕种的土地上的产品拥有收归已有的权利，那些没有占到土地的人，只有依靠施舍，或者就只能抢夺了，富人尝到了统治奴隶的好处，便只依赖于强取的致富之道了，于是在富人和穷人之间、强者的权利和先占者的权利之间发生了无止无休的冲突，最后以战斗和屠杀告终。

在卢梭看来，私有财产的建立是公民社会真正出现的原因，这一见解可谓影响深远，现代社会最彻底的革命无不是由这一信条激发。战争中的人类把自己推到了毁灭的边缘，这个时候，富人中的某人意识到了他的财产总是处于危险中和人民的境况的悲惨，提出了一个建立公民社会的契约，他有着动人的理由：

让我们团结起来，保障弱者不受欺凌，不让有野心的人得逞，保证每一个人都拥有属于自己的东西；为此，让我们制定一些无论何人都必须遵守的保证公正和安宁的规章，让强者和弱者都互相承担义务，以便在某种程度上补偿不幸的命运造成的意外损失。总而言之，我们不但不把自己的力量用来危害我们自己，相反，我们要把它们集合成一个最高的权威，按照鲜明的法律治理我们，保护团体中的每一个成员，抗击共同的敌人，使我们永远和睦相处。②

卢梭说："社会和法律就是这样或应当这样起源的。"《论不平等》接下来向我们展示了一个极不公正的契约及其后果。这个契约不是要建立正义的社会，而是要完善"恶劣的社会化进程"。卢梭同时使用两种叙述方式：年代顺序和理性顺序。他意识到只有用确实的权利（droit）的内容来反驳事实

---

① 〔法〕卢梭：《论科学与艺术》，何兆武译，北京：商务印书馆，1963年版，第93页。

② 同上注，第100页。

(fait)，批判才具有十足的分量。“必须放弃事件可能的连贯叙事，才能迅速建立起政治权利原理。想要能够避免错误（整个世界的运行都陷入这种错误里面），必须严格定义正义的准则。”① 卢梭在此停止追溯“起源”，转而揭示任何健全社会都必须具备的“基础”。《论不平等》只是提到了这一点，这是一个宏大的主题，卢梭后来的探讨展现了其独特的激情和深度。

卢梭使得德行、道德和品质再一次成为政治学的核心。凯斯·安塞尔－皮尔逊认为：“卢梭政治思想的独特性在于，尽管卢梭与现代政治思想的自由主义传统（即霍布斯、洛克）一样，都是从个体性出发，但他却是在道德意义上而非仅仅在审慎［政治智慧］（prudential）意义上来理解 respublica（或共和国）的目标。……社会契约更是一种手段，分离的个人用这样一种手段通过创造性的政治行动结合在一起，并通过成为自我立法的公民而使自己转化为道德人。因此，社会的存在不仅是为个人提供和平与幸福——尽管这是目的之一——更是为了教育个人使之成为道德人。在卢梭那里，政治成为教育。”② 卢梭的事业是柏拉图式的，是对新的整全秩序的重构。对内要求人的自我的回归本真，并同时对外要求一种与此相应的平等主义政治。

《爱弥儿》关注的是人的自我获得诊治的教育。自然状态中的人是非社会性的，激情或者情感产生了社会性，但激情、情感本身又是反对社会性的，卢梭保留了个人对社会的有限性。在自然状态下，人是自由的，自由被卢梭视为更胜于生命的善；在败坏的社会，自然的情感已经不复存在，只能寻求某种尽可能的道德替代物。《爱弥儿》是通过重整人之欲求的出现次序将和谐复归到世界上的试验，其方式是既避免这些欲求所产生的不协调，又使人的潜力得以充分实现。卢梭相信他的努力将带来一个得到恩赐的时刻，在这个时刻，人的所有才华都得以揭示，而且人将第一次获得关于人性原则的知识。布鲁姆(Allen Bloom)说：“《爱弥儿》确实是一部伟大的书，这本书第一次以无与伦

① 〔法〕让·斯塔罗宾斯基：《卢梭的〈论人类不平等的起源与基础〉》，吴雅凌译，刘小枫主编：《卢梭的苏格拉底主义》，北京：华夏出版社，2005 年版，第 20 页。

② 〔美〕凯斯·安塞尔－皮尔逊：《尼采反卢梭——尼采的道德—政治思想研究》，宗成河等译，北京：华夏出版社，2005 年版，第 59—60 页。

比的清晰性和生动揭示了提出心理学问题的现代方式。……卢梭处在这样一个传统的源头：这传统用坦诚和不坦诚、真实与非真实、内在的指引和他者的指引、真正的自我和异化的自我这样一些对立取代了美的和罪恶作为揭示人为善或行恶、幸福或悲惨的原因。……此书开启了回归个体之自我的热切渴求和对异化的仇视，这两者概括了所有现代思想的特征。"①

《爱弥儿》提供的教育决定其深入人心之处尤其表现在卢梭假借萨瓦省的一个牧师之口道出的信仰自白。② 这是一颗热爱真理、寻求幸福的心灵，虽然敏感但足够坚定，这是一个从不断怀疑的痛苦甚至是邪恶的状态走向确定的过程，这是一次自我救赎。卢梭诉诸的唯一导师就是"内在的光明"，实际上他求助于一种修正过的自然神学来理解德行与幸福。他对英国的自然神论者克拉克赞赏有加："著名的克拉克终于揭示了生命的主宰和万物的施与者，从而擦亮了世人的眼睛。这一套说法是这样的伟大、这样的安慰人心、这样的崇高、这样的适合于培养心灵和奠定道德基础，而且同时又是这样的动人心弦、这样的光辉灿烂、这样的简单，难怪它会得到人人的佩服和赞赏。"③

世界是由一个有力量和有智慧的意志统治着的，但是对于卢梭来说，诸如世界是否是无始无终的、由谁创造的、只有一个本原还是两个甚至几个等等这样的问题只有对我们有意义的时候才努力去寻求，抽象空洞的思考只会扰乱心灵，又无助于其为人，而且超越了其理解能力。当回头审慎人类、个体的时候，卢梭似乎让我们重温了奥古斯丁式的体验：

**当我思索人的天性的时候，我认为我在人的天性中发现了两个截然不同的本原，其中一个本原促使人去研究永恒的真理，去爱正义和美德，进入智者怡**

---

① 〔美〕布鲁姆：《巨人与侏儒》，张辉编，秦露等译，北京：华夏出版社，2003 年版，第 205—227 页。

② Karl Barth, *Protestant thought: from Rousseau to Ritschl, being the translation of eleven chapters of Die Protestantische Theologie Im*19. Jahrhundert, New York, Harper, 1959. p. 81.

③ 〔法〕卢梭：《爱弥儿——论教育》，下卷，李平沤译，北京：商务印书馆，1978 年版，第 382 页。

然沉思的知识的领域；而另一个本原则使人固步自封，受自己的感官的奴役，受欲念的奴役；而欲念是感官的指使者，正是由于它们才妨碍着他接受第一个本原对他的种种启示。当我觉得我受着两种矛盾的运动的牵制和冲击的时候，我便对自己说："不，人的感受不是单独一方面的；我有意志，我又可以不行使我的意志，我既觉得我受到奴役，同时又觉得我很自由；我知道什么是善，并且喜欢善，然而我又在做恶事；当我听从理智的时候，我便能够积极有为，当我受到欲念的支配的时候，我的行为便消极被动；当我屈服的时候，我最感到痛苦的是，我明知我有抵抗的能力，但是我没有抵抗。"①

欲念是肉体的声音，良心是灵魂的声音。我们应该听从哪一个声音呢？理性已经失去了说服力，而良心从来没有欺骗过我们，它是人类真正的向导；按良心去做，就等于是服从自然，用不着害怕迷失方向。卢梭甚至唱起了良心的赞歌："良心呀！良心！你是圣洁的本能，永不消逝的天国的声音。是你在妥妥当当地引导一个虽然是蒙昧无知然而是聪明和自由的人，是你在不差不错地判断善恶，使人形同上帝！是你使人的天性善良和行为合乎道德。没有你，我就感觉不到我身上有优于禽兽的地方；没有你，我就只能按我没有条理的见解和没有准绳的理智可悲地做了一桩错事又做一桩错事。"②

萨瓦省牧师的自白，就像是希腊神话中的诗人和音乐家、圣明的奥菲士吟唱最美妙的赞歌，但是也正是这一吟唱给卢梭的个人生活带来了巨大的危难。因为最真诚的道德良知似乎和教会的上帝一点儿关系没有，这份自白在欧洲道德史上可谓一次剧变，其激烈的程度，不亚于另一位牧师马丁·路德掀起的新教革命。当时的巴黎主教曾公布一封牧函（pastoralletter）反对《爱弥儿》，巴黎最高法院甚至将《爱弥儿》列在了要焚毁的名单上，并通缉作者。卢梭只有逃离巴黎了。后来，卢梭在《忏悔录》中曾提到了这件事："全欧洲都起来骂我，其激愤之情，史无前例。……我成了个反教会分子、一个无神论者，一

---

① 〔法〕卢梭：《爱弥儿——论教育》，下卷，李平沤译，北京：商务印书馆，1978年版，第398页。

② 同上注。

个狂人、疯子、猛兽、豺狼。”

### 3. “化圆为方”：公意与立法者

和《爱弥儿》同年出版的还有卢梭的声名远播但同时也给作者带来厄运的《社会契约论》，这其实是卢梭酝酿已久的《政治制度论》的一个简要版本。① 虽然《爱弥儿》是在完成《社会契约论》后创作的，但是卢梭希望这本书能够先出版，因为，在作者看来，《社会契约论》只是《爱弥儿》的一个附录而已。康德曾将《爱弥儿》的出版比作和法国大革命同等重要的大事；《社会契约论》和卢梭一样都进入了法国的先贤祠。这两部著作代表了卢梭思想的顶峰。

在卢梭那里，道德和政治是很难区分的：“必须通过人去研究社会，通过社会去研究人；企图把政治和道德区分开来研究的，结果是这两种一样也弄不明白。”人们曾长期就卢梭的政治道德思想立场产生巨大的分歧，人们试图从卢梭的一种视角出发，从中推出一系列的逻辑结论，却发现和另一个视角得出的逻辑结论相去甚远，甚至相对，给卢梭贴上了诸如道德个人主义或者政治极权主义的标签。其实卢梭从来都不是一个逻辑学家，或者说不是一个擅长于以清晰的分析技巧阐明问题的人，而以敏感的内在直觉去体察问题见长。② 问题本身是悖谬的，卢梭只不过展示了对象本身而已。③

---

① 关于《社会契约论》与《政治制度论》的关系，主要是这样一个问题：《社会契约论》仅仅是一部大作的抽象的提纲吗？如果是，则意味着《社会契约论》对政治问题的论述是不完整的。参考：Alfred Cobbanm, *Rousseau and the Modern State*, London, George Allen & Unwin Ltd. 1934, pp. 88—90.

② Rousseau, *Political Writings, Containing The Social Contract, Considerations on the Government of Poland, and PART* 1*of the Constitutional Project for Corsica*, Translated and edited by Frederick Watkins, Thomas Nelson and Sons Ltd, 1953, Editor' s Introduction, http: // www. constitution. org/jjr/watkins. htm. 录于 2007. 09. 20.

③ 关于卢梭的思想的矛盾之处的讨论可参见 Alfred Cobbanm, *Rousseau and the Modern State*, London, George Alle n& Unwin Ltd. 1934, pp. 24—27. 问题的根本在于卢梭从“自然状态”这一理论传统入手来对道德和政治现象进行分析，参看 Alfred Cobbanm, *Rousseau and the Modern State*, London, George Allen & Unwin Ltd. 1934, pp. 214—221.

卢梭非常赞赏孟德斯鸠对政治体的考察，他时常称其为一位伟大的作家。但是他认为孟德斯鸠仅仅考察了政治体本身。他认为“要正确评判现实如此的，必须先知道本应如此的”。在卢梭的计划中，对政治制度的考察包括了对既定的政治体的考察以及政治权利的原理。《社会契约论》的副标题就是“政治权利的原理”，在《社会契约论》的最后一章中卢梭这样写道：“在已经提出了政治权利的真正原理并且试图把国家奠定在它的基础之上以后，剩下来的就是怎样通过它的对外关系来支持它；这就包括国家法、通商、战争的权利与征服、公法、同盟、谈判、条约，等等。”

人们时常注意到卢梭在《社会契约论》中第一卷第一章的第一句话：“人是生而自由的，但却无往不在枷锁之中。自以为是其他一切的主人的人，反而比其他一切都更是奴隶。”但他接着又说：“这种变化是怎样形成的？我不清楚，是什么才使这种变化成为合法的？我自信能够解答这个问题。”不过，我们在《论不平等》中可以发现这样一句话：“奴役的链条是由于人们的互相依赖和使他们联合在一起的互相需要形成的。不先使一个人处于不能不依赖另一个人的状态，就不可能奴役他：这种情况在自然状态中是不存在的；在自然状态中，每个人的身上都没有枷锁，最强者的法律是没有用的。”《论不平等》恰恰就是一部自然状态中的人如何戴上枷锁的历史记述，卢梭怎么会对此宣称不清楚。事实上，《社会契约论》论述的完全是与这一人类历史的“原型”相对的问题，现在不再是追根溯源，而是如何使之合法化，现在不是事实的问题，而是权利的问题。人类文明完全是偶然机遇的产物，自然状态不是可以复返的，现在需要的是一种替代物，一种对自然状态的道德替代物，是与不平等和支配相对的平等和自由。

首要的是健全社会的起源问题。在《论不平等》中，卢梭已经批驳了格劳修斯、霍布斯等人的关于社会起源的观点，在《社会契约论》的第一卷中，“论原始社会”、“论最强者的权利”、“论奴隶制”同样争辩的是一个社会起源的问题。卢梭深知这一问题的重要性：“社会秩序乃是为其他一切权利提供了基础的一项神圣权利。”社会的真正基础乃是需要我们考察人民是通过什么行为而成为人民的。

在自然状态中，人们的生存遇到了障碍，这超过了每个个人在那种状态中为了自存所能运用的力量，生存的问题要求改变生活方式，然而，人类是不能产生新的力量的，而只能结合并运用已有的力量，所以，人们唯有集合起来形成一种力量的总和。但问题就在于，如何能够集中力量又保证这种力量不对自己造成妨害？卢梭将其总结为社会公约的难题：

要找出一种结合的形式，使它能以全部的共同的力量来卫护和保障每个结合者的人身和财富，并且由于这一结合而使得每一个与全体相联合的个人又只不过是在服从其本人，并且仍然是像以往一样地自由。①

卢梭对社会起源的解释路径仍是契约论式的，“绝不是出于自然，而是建立在约定之上的”。但卢梭的独特在于这一社会公约的道德行质。卢梭实施的是一项巨大的变革：一种新的道德的确立只有在一种新的政治形式中才能确立。从《爱弥儿》到《社会契约论》的完成，实际上是从一种道德观念到一个巨大的道德实体的建立。② 通过社会公约，每个结合者及其自身的一切权利全部转让给了整个集体。每个人都将自己熔铸在一个集体中，他是一个新的自我：“由自然状态进入社会状态，人类便产生了一场最堪瞩目的变化；在他们的行为中正义就取代了本能，而他们的行动也就被赋予了前所未有的道德行。唯有当义务的呼声代替了生理的冲动，权利代替了嗜欲的时候，此前只知道关怀自己的人类才发现自己不得不按照另外的原则行事，并且在听从自己的欲望之前，先要请教自己的理性。”

我们在社会状态的收益栏中还要加上道德的自由，“唯有道德的自由才使

---

① 〔法〕卢梭：《社会契约论》，何兆武译，北京：商务印书馆，1980 年版，第 19 页。

② Rousseau, *Political Writings, Containing The Social Contract, Considerations on the Government of Poland, and PART* 1 *of the Constitutional Project for Corsica*, Translated and edited by Frederick Watkins, Thomas Nelson and Sons Ltd, 1953, Editor' s Introduction, http: // www. constitution. org/jjr/watkins. htm。录于 2006. 09. 20.

人类真正成为自己的主人”，“唯有服从人们自己为自己所规定的法律，才是自由”。卢梭为人类失去自然状态寻找的一种替代物实际上是他的公意学说，他放弃了寻求自然权利的传统做法，试图给出一种“现实主义”的解决办法。公意实际上是普遍化的欲望，它对欲望的限制不是古典式的依赖于理性对欲望的控制，也不再是近代自然权利论式的满足欲望的理性规则，而是将欲望普遍化、理性化，也就是说通过对所有人的都有着同样的权利的认识而达到对欲望的限制，以欲望来限制欲望。

公意的达成是人道的最终实现，但这只是一种可能，就像从自然状态走向文明状态是偶然的产物。在卢梭那里，并不能够确定，人们必然会达到最终的公意的形成，或者说，卢梭无法预设这一目的。只有到了康德那里，他确信能够达到这一目的，并且找到了达到这一目的的手段之后，这一目的才能赋予整个历史过程。

部分是因为对启蒙理性的怀疑，部分是因为卢梭接受的古典教育的影响，卢梭对新的政治体的建立持悲观的态度，困难不仅仅在于我们的质料的性质：“我们的种种智慧都是奴隶的偏见，我们的一切习惯都在奴役、折磨和遏制我们。文明人在奴隶状态中生，在奴隶状态中活，在奴隶状态中死：他一生下来就被人捆在襁褓了；他一死就被人钉在棺材里；只要他还保持着人的样子，他就要受到我们的制度的束缚。”① 还在于问题本身的难度，卢梭在生前未出版的《对波兰政府的思考》中第一章写道：“在政治中以法律来治理人们类似于几何学中的化圆为方的问题。”② 政治体的建立本身承载着所有永久性的难题，政治体的存在是时间中的存在，犹如个人的生命经历生死荣辱，艰难而充满争议，政治体承载着各种各样的压力，维持着紧张而又危险的平衡。“政治体的

① 〔法〕卢梭：《爱弥儿——论教育》，上卷，李平沤译，北京：商务印书馆，1978年版，第15页。

② J. J. Rousseau, *Considerations on the Government of Poland and on Its Proposed Reformation*, http://www. constitution. org/jjr/poland. htm. 录于2006. 12. 10.

建制总是游离于为逃避时间所作的努力和政治所特有的历史不确定性之间。”①卢梭时常慨叹连罗马这样伟大的政治体都无法抵御时间的洪流，最终只成为追忆中的辉煌。

“为了使一个新生的民族能够爱好健全的政治准则并遵循国家利益的根本规律，便必须倒果为因，使本来应该是制度的产物的社会精神转而凌驾于制度本身之上，并且使人们在法律出现之前，便可成为本来应该是由于法律才能形成的那种样子。”② 这堪称奇迹了！卢梭诉诸类似于神明的立法者。这是一个能够改变人性的人，能够把每个自身都是一个完整独立的整体的个人转化为一个更大的整体的一部分，能够以作为全体一部分的有道德的生命来代替我们人人得之于自然界的生理上的独立的生命。

卢梭说，在现代国家中，我们只发现了制定法律者（lawmaker），而没有立法者（legislator）了。伟大的立法者只存在于伟大的民族的开端，那是这些民族纪年史上最有教育意义的部分，那是创业的历史。卢梭对其中的三位钦佩有加：摩西、努玛和莱喀古士。摩西曾只手从一片荒野中缔造了一个民族，这曾是一群没有任何德行、没有任何才能，在地球上也曾没有一处落脚之地、到处游荡的野蛮人，然而摩西却将他们缔造成为最具凝聚力的民族，这个民族直至今天仍然一如既往地抵御了命运、时间、灾难的考验。莱喀古士的功业在于将一个已经堕落和罪恶的民族拯救出来，给他们强加了铁链，这是其他民族无法忍受的，他不断地将国家的观念灌输到他们的意识中，直至融化在血液中，他从不容忍他们有丝毫的独享闲暇，他们的每一个活动都体现了对国家的赤诚之心，最终斯巴达也是整个希腊的立法者。努玛是罗马的真正缔造者，如果说，罗慕洛斯所做的不过是将一群分散的民族聚集在一起，那么努玛则使这个集体更加巩固，把他们塑造成一个不可分离的整体，将他们锻造为公民，把他

① 伯纳迪：《卢梭的〈社会契约论〉》，吴雅凌译，刘小枫主编：《卢梭的苏格拉底主义》，北京：华夏出版社，2005年版，第38页。

② 〔法〕卢梭：《爱弥儿——论教育》，上卷，李平沤译，北京：商务印书馆，1978年版，第51页。

们固着在土地上，创立了宗教仪式，柔化了风俗，使罗马初具世界首都的雏形。①

立法者在一切方面都是国家中的一个非凡人物。他心系国家，但不在国家之内，他的法律不受感情的支配。他既不使用暴力，又不使用说服，他求助于另外一种不以暴力而能约束人、不以论证而能说服人的权威：宗教。这超乎世俗人的能力之外，所以立法者把自己的决定托之于神道设教。卢梭认为："每个国家都应该有一部精神法典，或者说一篇公民信仰的宣言。"一切法律中最重要的一种"既不是铭刻在大理石上，也不是铭刻在铜表上，而是铭刻在公民们的内心里；它形成了国家的真正宪法；它每天都在获得新的力量；当其他的法律衰老或消亡的时候，它可以复活那些法律或代替那些法律，它可以保持一个民族的创新精神，而且可以不知不觉地以习惯的力量取代权威的力量。这就是风尚、习俗，而尤其是舆论"②。

社会建制的问题，最困难的莫过于在每个公民内心中建立起义务感，义务感是一种情感，需要被唤醒、被刺激，对此，理性的使用是不够的。卢梭在《社会契约论》的结尾处加入了"论公民宗教"，就是试图以宗教权威来保证义务感。在卢梭看来，宗教就其与社会的关系而论，可以分为人类的宗教和公民的宗教。前者没有庙宇、没有祭坛、没有仪式，只限于对至高无上的上帝发自内心的崇拜，以及对于道德的永恒义务；后一种是写在一个国家的典册之内的，规定了这个国家自己的神、这个国家的特定的守护者。这种宗教的好处是把对神明的崇拜与对法律的热爱结合在一起，这是一种神权政体。但这种宗教也有坏处，卢梭认为，它是建立在谬误与谎话的基础之上的，它又可能堕落为排他性的，从而将整个民族变成嗜血的、不宽容的。③

卢梭所谓"人类的宗教"指的是基督教，但是这种宗教和政治体没有任

---

① J. J. Rousseau, *Considerations on the Government of Poland and on Its Proposed Reformation*, http://www. constitution. org/jjr/poland. htm. 录于2006. 12. 10.

② 〔法〕卢梭：《社会契约论》，何兆武译，北京：商务印书馆，1980 年版，第 70 页。

③ 同上注，第 173—175 页。

何特殊的关系，它是神圣的、崇高的，寻求在上帝面前的人类的平等，是真正普世性的。它远不能使公民全心全意依附于国家，反而使公民脱离国家，正如他们脱离尘世间的一切事物那样。“有人告诉我们说，一个真正基督徒的民族将会构成一个人们可能想象的最完美的社会。我对这种假设只看到有一个很大的难点，那就是，一个真正的基督徒的社会将不会再成其为一个人类的社会。……基督教是一种纯精神的宗教，一心只关怀天上的事物；基督徒的祖国是不属于这个世界的。”①

最后，卢梭给出了一篇纯属公民宗教信仰的宣言：它只是作为社会性的感情，它简单、精确，无须解说，教导正直者的幸福、对坏人的惩罚、社会公约和法律的神圣性；它由主权者规定；它和萨瓦省牧师的内在的道德感相呼应！

培根以及霍布斯都试图从一个整全秩序的迷梦中醒来，并唤醒其他仍在沉睡的同伴，他们以鹅毛笔作为匕首，向四面八方黑暗的洞穴刺去，但是这却唤醒了曾经隐藏在巨大的黑暗中的魔鬼般的力量，人们的权力急剧地增长，人们的自信也在膨胀，曾经悲惨的处境的记忆已经淡去，人们却又极快地堕落。敏感的卢梭逐渐觉察到这种从梦中醒来的说法不亚于痴人说梦，人们不过是试图以一种偏见代替另一种偏见。卢梭以道德的名义愤怒地声讨这一切，他满怀愤怒的情绪撰写了雄辩的篇章，其深刻的体察、敏锐的见解直抵现代人的心灵深处，他探索的领域的广度和深度只有后来的尼采才可相媲，他使整个欧洲的肌体经历了惨痛的痉挛。

卢梭感叹道：“出自造物主之手的东西，都是好的，而一到了人的手里，就全变坏了。”一个人的天性就像一株偶然生长在大路上的树苗，偏见、权威、需要、先例以及一切社会制度的压制将会接踵而来，如同格洛巨斯的雕像之遭到天气和海水的侵蚀与狂风暴雨的吹打，已经被弄得不像一尊海神而像一头猛兽。人类愈聚在一起，就愈要腐化，人的呼吸对他的同类来说，是有致命的危

① 〔法〕卢梭：《社会契约论》，何兆武译，北京：商务印书馆，1980 年版，第 176—177 页。

险的。人类社会生存在也只能生存在偏见中。

因此，卢梭虽然诉诸个人理性主义者的启蒙立场，但他从来不相信整个社会是可以完全理性化的，不如说，理性化的政治体只是一个理想，这同时需要天性和幸运，柏拉图曾感叹天性的罕见，天性和幸运两者汇合在一起，那简直是令人惊叹的奇迹了。卢梭也从来不是一个世界主义者，“不要相信那些世界主义者，因为在他们的著作中，他们到遥远的地方去探求他们不屑在他们周围履行的义务。这样的哲学家之所以爱鞑靼人，为的是免得去爱他们的邻居”①。我们即使发现一切社会制度的普遍目的，在各个国度都应该按照当地的形势以及居民的性格而加以修改；应该给每个民族确定一种特殊的制度体系，这种制度体系尽管其本身并不是最好的，然而对于推行它的国家来说则应该是最好的。

在卢梭那里，还没有达到康德的道德绝对命令的实践理性的普世性，毋宁说他更相信道德情感，相信风俗、舆论，这是因地而异的，不是普遍化的。“使一个国家的体制真正得以巩固而持久的，就在于人们能够这样地因事制宜，以至于自然关系与法律在每一点上总是协调一致，并且可以这样说，法律只不过是在保障着、伴随着和矫正着自然关系而已。”② 卢梭问题的核心在于自足的个人与洞穴般的政治体之间的关系，他展示了现代社会的人的心灵的撕裂、政治体的堕落和危险，他对理性的态度是矛盾的，他试图寻找克制理性的无限膨胀的途径，他不断地提到了苏格拉底式的智慧，但是他在根基上接受了现代社会契约论的理性主义立场。对卢梭的彻底思考有可能导致对理性主义的两种相反的态度，要么接受，要么彻底地拒绝。康德选择了接受，原因在于，他发现且论证了理性的鹄的。经过了纯粹理性批判，康德发现纯粹理性本身的旨趣乃是实践的，即所谓现代式的苏格拉底智慧。

---

① 〔法〕卢梭：《爱弥儿——论教育》，上卷，李平沤译，北京：商务印书馆，1978年版，第9页。

② 〔法〕卢梭：《社会契约论》，何兆武译，北京：商务印书馆，1980年版，第68页。

# 第四编 理性批判与世界公民

## 一、社会契约与纯粹理性批判

伊曼努尔·康德的显赫名声是建立在《纯粹理性批判》这一巨著之上的，叔本华认为这是全欧洲领域最重要的一部著作，也是康德唯一重要的作品。哲学家康德的贡献主要在理论哲学方面，即使人们认为康德严格的道德学说在伦理思想史中占有一个重要的位置，但是比起第一批判（即《纯粹理性批判》）引起的“哥白尼革命”来说，仍然稍逊一筹；至于康德的政治哲学以及法哲学就显得更加边缘了。柏拉图曾著有《国家篇》、《法律篇》、《政治家》，亚里士多德有专著《政治学》，霍布斯因《利维坦》声名昭昭，卢梭的《社会契约论》也可进入政治哲学的名人堂。作为洞察整全秩序的哲学家，康德却并没有可以名为政治学的著作，唯有一部《法权论的形而上学初始根据》①（以下简称《法权论》）。是康德认为政治事务并不重要？或者是法权论代替了对政治事务的思考？如果是后者，那么他的法权论是否也是不值得重视的？

汉娜·阿伦特认为，只有雅斯贝尔斯、塞纳（Saner）才对康德的政治哲学作了认真的对待，她本人则给康德在悠久的西方政治哲学传统中分配了一个

① 沈叔平先生曾将此著译为《法的形而上学原理——权利科学》，北京：商务印书馆，1997年版。

重要的位置。① 在笔者看来，政治事务虽然是哲学家不得不面对的，但是对待的方式却可能是不同的，尤其是自康德以降，德国的几位大哲奠定了德国思想处理政治事务的方式。就像《法律篇》是柏拉图的晚期之作也是最后一篇对话，《法权论》、《法哲学原理》同样也是康德、黑格尔的晚年之作，《法哲学原理》又名为《自然法或者国家学纲要》，似乎德国人惯于在法的范畴下思考政治事务。

不论是在康德那里还是在黑格尔那里，思想的演进存在这样一个明显的轨迹，哲学最终栖居在一个哲学的国度中，智慧就是跨越哲人的意识迈向哲人的自我意识，从意识跃入存在中；柏拉图还曾预示，“哲人王”的城邦必然要和律法（nomos）妥协，启蒙时期的哲人则试图达到哲学王国和理性法则国度的完全同一。德意志人的思想大大影响了他们的行动，海涅说，德意志民族不是个轻举妄动的民族，当她一旦走上了任何一条道路，那么她就会坚韧不拔地把这条道路走到底。在宗教事件中如此，在哲学中也如此。“我们想出来的思想是这样一个灵魂，一直到我们给它一个肉体，一直到我们把它促成感性的现象位置，它是不会让我们安静的。思想要变成行动，语言要变成肉体。”②

荷尔德林说：“康德是我们民族的摩西，他领导人民走出埃及的颓败，进入自由而孤独的思辨的沙漠中，他从神圣的山巅为我们带来生机勃勃的法规。”③

《纯粹理性批判》是康德壮年时期突然沉默十年思考的结果，它首先乃是一部根本性的法规，或者说是一部确立精神秩序的社会契约：

---

① Hannah Arendt, *Lecture On Kant' s Political Philosophy*, Edited and with an interpretive essay by Ronzld Beiner, the University of Chicago Press, Chicago, 1982. 和目前国内流行的列奥·施特劳斯的学说表面上显得一致（但实质有着很大的差异），阿伦特认为，政治哲学最重要的是哲人与政治的关系，只不过这本身就已经是在一种不健康的政治状态下才会出现的关系。

② 〔德〕亨利希·海涅：《论德国宗教和哲学的历史》，海安译，北京：商务印书馆，1974 年版，第 100 页。

③ 〔德〕荷尔德林：《荷尔德林文集》，戴晖译，北京：商务印书馆，2003 年版，第 410 页。

我们可以把纯粹理性批判看作纯粹理性的一切争执的真实的法庭；因为它在这些争执直接指向客体时不是被卷入其中，而是被确立起来，以按照理性最初所指示的那些原理来规定和评判理性的一般权限。

没有这种批判，理性就仿佛是处于自然状态，而理性只有通过战争才能使它的各种主张和要求发生效力或得到保障。相反，这个批判则把它的一切判决都从理性自己所加入的基本规则中拿来，这些规则的权威是没有任何人能够怀疑的，这个批判就为我们带来了某种法制状态的和平，在这种状态中我们只应当通过诉讼程序来进行我们的争执。在第一种状态下结束这些争斗的是双方都自夸的胜利，跟随这种胜利而来的通常都只是某种不稳定的和平，它是由那个居中调解的当权者所促成的；但在第二种状态下结束争斗的则是判决，这种判决由于它在这里切中了这些争执本身的根源，就必然保障了一种永久的和平。甚至一种单纯独断之理性的这些无止境的争执最终也会迫使人们不得不在对这个理性本身的批判中，并在某种以批判为根据的立法中，去寻求安宁，正如霍布斯所主张的，自然状态是一种不公正的弱肉强食状态，人们一定必须放弃这种状态，以便服从法律的约束，这种约束把我们的自由只限制在他能够与每个别人的自由相共存，并正因此而能与共同的利益相共存的范围内。①

批判是一种解决冲突的根本途径，这里存在着霍布斯曾经面对、解决的问题：各种观念、理论、宗教、神灵之间的冲突或者黑暗王国的盛行。康德的做法是将这些争论法制化，也就是说，这些主张必须在理性的法庭面前为自己辩护。纯粹理性批判确立的是法庭的程序、正义的规则；纯粹理性本身的批判能够确立一项根本性的公约，纯粹理性建立起来的是一种法制状态；纯粹理性批判的首要目的是理论论争的法制状态取代一种独断的状态，权威必须通过理性的天平来衡量。这就是纯粹理性的事业，它使得争执从客体中解放出来，走向真正的旨趣。

---

① 〔德〕康德：《纯粹理性批判》，邓晓芒译，杨祖陶校，北京：人民出版社，2004年版，第578页。

康德在《纯粹理性批判》的第二版中以培根在《伟大的复兴》中的序作为题辞，或许是因为这部艰涩的作品使人们很容易迷失方向，所以作者在第二版开篇就点明了这部著作的意图：

对于我自己，我不想说什么。至于这里涉及到的那桩事业，那么我希望它将不会被视为只是某种意见的表达，而是被视为一件正当的工作，人们在从事它时可以相信，它不是什么单纯为了建立某个宗派或辩护某种偶然的念头的事，而是为了奠定人类一般福利和尊严的基础。希望每个个人因此都可以在其最独特的兴趣中……考虑这一普遍的福利……并予以支持。最后，希望人人都能对我们的这一复兴表示良好的信任，相信它决不会显得无穷渺茫和超出人力，因为事实上它是无休止的错误的结束和正当限度。①

康德的纯粹理性批判和培根的新科学有着相同的实践旨趣，科学的复兴最终都服务于实践的目的，培根更注重社会的物质福利，对于康德来说，他首先将此意图与“一切反对道德与宗教的异议”联系起来，他要“通过最清晰地证明对手无知而在所有未来的时代结束”这些异议。② 康德的实践旨趣最终是严格的道德主义的。纯粹理性批判和纯粹理性的实践运用从根本上是一致的，就像在霍布斯那里，社会契约和利维坦的意图从根本上是一致的。对于德意志民族来说，纯粹理性批判是建立德意志民族政治体的社会契约，英格兰是政治的民族，德意志则首先是哲学的民族，根本的秩序首先必须在精神中确立。

### 1. 纯粹理性批判的实践旨趣

康德青年时期曾深深沉迷于形而上学的贵族美梦中，他曾经回忆说：“我自以为爱好探求真理，我感到一种对知识的贪婪渴求，一种对推动知识进展的

① 〔德〕康德：《纯粹理性批判》，邓晓芒译，杨祖陶校，北京：人民出版社，2004年版，[题辞]。

② 同上注，第二版序言，第23页。

不倦热情，以及对每个进步的心满意足。我一度认为，这一切足以给人类带来荣光，我尤其鄙夷那般一无所知的芸芸众生。”但是卢梭纠正了康德：“盲目的偏见消失了，我学会了尊重人性，而且假如我不是相信这种见解能够有助于所有其他人去确立人权的话，我便应把自己看得比普通劳工还不如。”①

卡西尔评价说，秩序和法则、齐一和连贯，乃是康德生命的北斗。在康德几十年如一日的单调生活中，只有卢梭的著作曾稍稍打断了这个规则，不过很快，康德又重新恢复了秩序，因为他懂得如何去阅读卢梭，“读卢梭的著作，必须读到他那华彩的文笔不再使我神魂颠倒为止，只有到那时候，我才能借理性去审查他。”在卢梭的著作中，康德既不想寻求刺激，也无以发掘激情，他所寻觅的，毋宁说是一种理智与道德的抉择，而且正是为着这种抉择，卢梭才对他富有挑战性和感召力。康德曾经认为，精神的修养及其稳步前进，必然卓有成效地改善人类，使之更加自由和幸福，但这种天真的自信受到了震撼。②也就是说，是卢梭使得康德了和培根不同的实践旨趣。

卢梭对后世的影响是多方面的，在 18 世纪 60 年代，人们曾将其视为情感权利的恢复者和“善感性”的鼓吹者，比如后来德国文学界的“狂飙突进”运动和浪漫主义都深受卢梭的感染。但是，康德对卢梭作出了独特的判断：

卢梭从根本上说并不想使人类重新退回到自然状态中去，而只会是站在他自己现在所处的阶段上去回顾过去。他承认，人的本性（就其可遗传的而言）是善的，但却采取了消极的形式，也就是说，它本身并不故意要为恶，而只是有被恶劣的或不适当的引导者和榜样所传染和腐蚀的危险。③

---

① 〔德〕卡西尔：《卢梭·康德·歌德》，刘东译，北京：三联出版社，2002 年版，第 2 页。

② 同上注，第 7—8 页。

③ 〔德〕康德：《实用人类学》，邓晓芒译，郑宝华主编：《康德文集》，北京：改革出版社，1997 年版，第 677 页。

康德在1770年左右就计划着写作《道德形而上学》，此时，他还将道德归于鉴赏力的官能之下，这在当时乃是很流行的看法，即18世纪流行的所谓的“美的灵魂”的观念，德行是一种优美的现象。一直要等到1783年完成《实践理性批判》之后，康德才认为道德意志和鉴赏力无关，仅实践理性就可以决定道德律。但康德很早通过对卢梭的阅读就改变了对德行现象的美学判断，德行就其严格而不易获得的性质而言不是优美的，而是崇高的，他在撰写于1763年的《论优美感和崇高感》中这样写道：

在道德品质上，唯有真正的德行才是崇高的。然而也有某些善良的内心品质是可爱的和美好的，并且就它们与德行是和谐一致的而论，也应该看作是高贵的，尽管它们确切说来并不能够说就是属于道德行的心性的。有关这一点的判断，是微妙而复杂的。确实，我们不能称那种心情就是有德的，它只是那些行为的一个来源，——那些行为的确也出自德行，但其基础却只是以偶然的方式而与德行相一致，而就其本性来说却往往是与德行的普遍规律相抵触的。某些温情好意——那是很容易形成一种强烈的同情感的——乃是美好可爱的；因为它表明了对别人命运的善意的同情，而德行的原则也同样地会引导到那里。不过这种善良的情感同时却是软弱的，而且总是盲目的。……反之，当对全人类的普遍的友善成为了你的原则，而你又总是以自己的行为遵从着它的话，那时候，对困苦者的爱始终都存在着，可是它却是被置于对自己的全盘义务的真正关系这一更高的立场之上的。普遍的友善乃是同情别人不幸的基础，但同时也是正义的基础。正是根据它的训诫，你就必须放弃现在的这一行为。一旦这种感觉上升到他所应有的普遍性，那么它就是崇高的，但也是更冷酷的。

……

因而，真正的德行只能是植根于原则之上，这些原则越是普遍，则它们也就越崇高和越高贵。这些原则不是思辨的规律而是一种感觉的意识，它就活在每个人的胸中而且它扩张到远远超出了同情和殷勤的特殊基础之外。我相信，如果我说它就是对人性之美和价值的感觉，那么我就概括了它的全部。前者乃

**是普遍友好的基础；后者则是普遍敬意的基础。①**

卢梭使得康德能够从18世纪伦理学的多愁善感的道德评价标准中脱离出来，他发现了曾经被深深隐藏的人类的本质，发现了真正的道德的崇高性质，就像在满天星座中发现了恒定的北斗。这才是真正的法则，是永恒的指南，孤高而深远。

但是新的问题出现了，康德有一句名言：有两种伟大的事物，我们越是经常执著地思考它们，我们心中就越是充满永远新鲜有增无已的赞叹和敬畏——我们头上的灿烂星空，我们心中的道德法则。康德对秩序的确立者钦佩有加，他说："在前人只看到一片混乱和毫无关联之差异的地方，牛顿破天荒地觉察出秩序和守常是高度间接地结合在一起的。有了牛顿以后，彗星才沿着几何轨道运行。而在人类天性呈现的种种形式背后，则是卢梭第一次发现了被深深隐匿了的人类本质，和那深藏起来的、可以通过对它的观察来证明天意的法则。在牛顿和卢梭以前，阿丰索王和摩尼教徒的异议还是振振有词的。而在他们之后，上帝的意图被证实了，同时蒲伯的命题也因此而颠扑不破。"② 新的问题在于将这两种秩序协调起来：自然的规律和人性的规律能否共存？

人们对事实、经验、自然的认识自然地导向了对超自然的思辨，一种价值体系不知不觉地潜入了看来是自然科学的体系当中，由于属于对玄而又玄之事物的运思，各种分歧甚至对立的宗教、道德观念纷纷出场，从精神秩序到政治秩序都陷入了巨大的混乱之中，康德想要以一种新的方式确立恰当、稳固的秩序，他求诸人自身，返诸理性自我，他试图考察纯粹理性。1772年，他形成了写作《对纯粹理性的批判考察：理论的与实践的》的计划，他希望用三个月完成前一部分，但是几个月变成了几年，六年后他写道，他期望"这个夏季"它能问世，并且篇幅不会太长。然而，直到1781年它才问世，这已是他

---

① 〔德〕康德：《论优美感和崇高感》，何兆武译，北京：商务印书馆，2001年版，第12—14页。

② 〔德〕卡西尔：《卢梭·康德·歌德》，刘东译，北京：三联出版社，2002年版，第22页。

宣布“将用三个月写好”的九年之后了。这部著作完成时康德57岁了。

康德试图在理性中建立根本的标准：

> 这个时代不能够再被虚假的知识拖后腿了，它是对理性的欲求，要求它重新接过它的一切任务中最困难的那件任务，即自我认识的任务，并委任一个法庭，这个法庭能够受理理性的合法性保障的请求，相反，对于一切无根据的非分要求，不是通过强制命令，而是能按照理性的永恒不变的法则来处理，而这个法庭不是别的，正是纯粹理性的批判。①

康德试图以理性来评判一切，这是唯理性的，或者用康德的话说，这是“一个批判的时代，一切都必须经受批判。通常，宗教凭借其神圣性，而立法凭借其权威，想要逃脱批判。但这样一来，它们就激起了对自身的正当的怀疑，并无法要求别人不加伪饰的敬重，理性只会把这种敬重给予那经受得住它的自由而公开的检验的事物”②。

康德亦是极端真诚的，他发现有些问题是在理性的能力之外的，他在《纯粹理性批判》的开篇就写道：“人类理性在其知识的某个门类里有一种特殊的命运，就是：它为一些它无法摆脱的问题所困扰；因为这些问题是由理性自身本性向自己提出来的，但它又不能回答它们；因为这些问题超越了人类理性的一切能力。”③ 理性对有些问题是无能为力的，但理性又试图评判一切，这实际上导致理性改变了超理性的事物，比如宗教。

《纯粹理性批判》的先验要素论处理的是理论认识的可能性问题，康德认为他在理论认识领域内确立了根本的法则，这也是一次革命，认识领域的哥白尼革命；同时，《纯粹理性批判》也为处理超越理性范围的事物确立一种新方式，这就是纯粹理性的实践运用，这在先验方法论部分作了清晰的阐明，康德

---

① 〔德〕康德：《纯粹理性批判》，邓晓芒译，杨祖陶校，北京：人民出版社，2004年版，第一版序言，第3页。

② 同上注。

③ 同上注，第1页。

解释了自由、灵魂以及上帝。① 不过上帝已是新的上帝了。

海涅生动地描述了这一场剧变：

康德扮演了一个铁面无私的哲学家，他袭击了天国，杀死了天国全体守备部队，这个世界的最高主宰未经证明便倒在了血泊中，现在再也无所谓大慈大悲了，无所谓天父的恩典了，无所谓今生受苦来世善报了，灵魂不死已经到了弥留的瞬间——发出阵阵的喘息和呻吟……于是，康德就根据这些推论，在理论理性和实践理性之间作了区分并用实践的理性，就像用一根魔杖一般使得那个被理论的理性杀死了的自然神论的尸体复活了。②

海涅说，康德摧毁了一个天国，又引入了一个上帝，这实际上意味着精神观念的一次剧变，康德发现了自然神论的浅陋，但这不是靠着卢梭式的内在敏感，而是建立在严密和细致的分析之上，所以这种摧毁的威力实际上更大，康德表面上的平静比卢梭的愤怒声讨更具杀伤力。

《纯粹理性批判》以艰涩著称，在刚出版的几年里几乎无人问津，但不久便吸引了几乎全部德国知识界的注目。从《纯粹理性批判》的出版起，德国开始了一次精神革命，德国被康德引入了哲学的道路，因此哲学变成了一件民族的事业。

### 2. 启蒙与理性立法

康德对自己的这一条批判的道路信心十足，并且希望这成为一项事业，他在《纯粹理性批判》的最后篇章中写道：“如果读者曾带着好意和耐心和我结伴漫游过这条道路的话，那么他现在就可以判断，如果他情愿为了使这条人行小路成为一条阳关大道而做出自己的贡献的话，那种许多个世纪都未能做成的

① 〔德〕O. 赫费：《自然科学时代的道德——康德〈纯粹理性批判〉的一种异端的导读》，郭大为译，《世界哲学》2006 年第 1 期，第 79 页。

② 〔德〕亨利希·海涅：《论德国宗教和哲学的历史》，海安译，北京：商务印书馆，1974 年版，第 113 页。

事情是否有可能还在本世纪过去之前就得到完成：就是说，使得人类理性在它的求知欲任何时候都在从事着但至今都是白费力气的事情中达到完全的满足。"①

在1781年，《纯粹理性批判》刚出版以后，康德就拟订了一个使其通俗化的计划，他在1783年写道："每一部哲学著作都应该容易被大众接受；否则的话，它可能会在表面的一层迷雾下面隐藏着不合理的东西。"② 康德的批判之路不是知识贵族式的，他没有将哲学局限在一个宗派的小圈子中。批判的时代就是公开地运用自己理性的时代，最重要的自由乃是表达和出版的自由。

一个极佳的契机正好使得康德能够推广自己的批判之路。1783年12月，《柏林月刊》发表了神学家和教育改革家约翰·弗里德里希·策尔纳（Johann Friedrich Zöllner）的一篇文章，作者观察到在启蒙的名义下人们的心灵陷入混乱，他在脚注中问道："什么是启蒙？这个就像什么是真理一样重要的问题，在一个人开始启蒙之前就应该得到回答！但是我还没有发现它已经被回答！"③ 接下来，门德尔松和康德都做了回答，而越来越多的作者也加入了争论。

《柏林月刊》1784年发表了康德对启蒙的经典论述《答复这个问题：什么是启蒙?》开篇写道：

> 启蒙就是人类脱离自己所加之于自己的不成熟状态。不成熟状态就是不经别人的指导，就对运用自己的理智无能为力。当其原因不在于缺乏理智，而在于不经别人的引导就缺乏勇气与决心去加以运用时，那么这种不成熟状态就是自己所加之于自己的了。Sapere aude！要有勇气运用你自己的理智！这就是启蒙（Aufklärung）的口号。

---

① 〔德〕康德：《纯粹理性批判》，邓晓芒译，杨祖陶校，北京：人民出版社，2004年版，第654—655页。

② Hannah Arendt, *Lecture on Kant's Political Philosophy*, Edited and with an interpretive essay by Ronzld Beiner, the University of Chicago Press, Chicago, 1982, p. 39.

③ 〔美〕詹姆斯·施密特：《什么是启蒙？问题、情景及后果》，詹姆斯·施密特编：《启蒙运动与现代性——18世纪与20世纪的对话》，徐向东等译，上海：上海人民出版社，2005年版，导论，第2页。

懒惰和怯懦乃是何以有如此大量的人，当大自然早已把他们从外界的引导之下释放出来以后（naturaliter maiorennes）却仍然愿意终身处于不成熟状态之中，以及别人何以那么轻而易举地就俨然以他们的监护人自居的原因所在。①

康德的定义试图表现为清晰的概念，但实际上却包含着某些比喻，主要体现在这两个术语中："不成熟"（Unmündigkeit）、"监护人"（Vormund）。英文译者和中文译者经常都忽视了这两个词的德语语境，把"Unmündigkeit"这个关键的概念翻译成"immaturity"（不成熟），问题在于它巧妙地把这个根本的类比从法律的语境转移到心理的语境，"Mündigkeit""Unmündigkeit"主要是从法律学界中借过来的概念。这使得英语读者、中文读者看不到把相关的术语Vormund与Unmündigkeit联系起来的共同比喻，前者通常被翻译为"guardian"、"监护人"，而后者则经常被翻译为"immatureones"、"不成熟的人"。这两个词有一个共同的词根Mund（嘴），这表明Unmündig的根本意义是不能代表一个人自己来说话，因此，一个人需要一个Vormund——一个站在他面前（Vor）、得到法律认可的"代言人"——来作为正式的发言人。英文译者以及中文译者一般都将其理解为一个需要监护人的"未成年人"，实际上包含的意思更多，也可以指一位年迈的老人，在康德那里甚至包括所有的妇女。所以"Unmündigkeit"所强调的不成熟主要是法律差别，而不是心理的或行为的差别。②

要确定成熟状态与非成熟状态，必须有一个标准，问题在于这个标准是什么？康德认为绝大部分的人（其中包括全部的女性）都把步入成熟状态认为是非常艰辛且非常危险的，任何个人要从几乎已经成为自己天性的那种不成熟

① 〔德〕康德：《答复这个问题：什么是启蒙?》，载于《历史理性批判文集》，何兆武译，北京：商务印书馆，1990年版，第22页。作者在引述这段话时，稍做了变动，将Aufklärung的中文译法改为"启蒙"；将Vormund的中文译法改为"监护人"。

② 〔美〕加雷特·格林：《现代文化的成熟：哈曼和康德对启蒙的根本隐喻的对立看法》，詹姆斯·施密特：《启蒙运动与现代性——18世纪与20世纪的对话》，徐向东等译，上海：上海人民出版社，2005年版，第301页。

状态中奋斗出来，都是很困难的。只有极少数的人才能通过自己的精神奋斗而摆脱不成熟的状态。启蒙之可能唯一需要的是自由，“那就是在一切事情上都有公开运用自己理性的自由。……而我所理解的对自己理性的公共运用，则是指任何人作为学者在全部听众面前所能做的那种运用”①。

只要允许一种自由的状态，一种理性的公开运用的状态，启蒙就是可能的，从而就可以逐步地从不成熟状态走向成熟状态，可见，区分成熟状态与否的标准乃是理性。理性首先定义了差异、区别甚至是等级的标准。这在康德对腓特烈大帝的赞颂中表现得更形象：“举世只有一位君主［指普鲁士腓特烈大帝（1740—1786）］说：可以争辩，随便争多少，随便争什么，但是要听话！”“这个时代乃是启蒙的时代，或者说腓特烈的世纪。”监护人必须首先能够确认自己是监护人，被监护人作为被监护人是“要听话”的结果。哈曼认为康德的启蒙“只是一线来自北方的光芒，……那些被解放出来的不成熟的人们，把自己乔装打扮起来，摇身一变成为不成熟的人们的监护人，但实际上不过是带着 *couteaus de chasse*（法语：猎刀，腓特烈曾雇用法国税务官为普鲁士服务。）和短剑的监护人，他们所说的一切不过就是冷漠无情的、毫无成效的月光，不会给懒惰的理智带来启蒙，也不会给胆怯的意志带来温暖。因此，他们对这个问题提出的一切回答，对所有正午走路的不成熟的人来说，都只是一种盲目的启发”②。

康德坚决而自信地推进其理性主义纲领，他首先激烈反对的是宗教的偏见，没有任何的牧师团体、教会会议或者教会法院有权宣誓他们对某种不变的教义负有义务，从而对每一个成员并且也就是对全体人民进行永不中辍的监护，甚至使其永恒化。这实际上锁住了任何进步的可能。康德说，启蒙的重点主要就在于宗教事务方面，这方面的不成熟状态乃是一切之中最有害也是最可

① 〔德〕康德：《答复这个问题：什么是启蒙?》，载于《历史理性批判文集》，何兆武译，北京：商务印书馆，1990 年版，第 24—25 页。

② 〔德〕约翰·格奥尔格·哈曼：《致克里斯蒂安·雅科布·克劳斯的信》，詹姆斯·施密特：《启蒙运动与现代性——18 世纪与 20 世纪的对话》，徐向东等译，上海：上海人民出版社，2005 年版，第 150 页。

耻的一种。①

同样在1784年，《柏林月刊》还刊发了门德尔松的文章《论这个问题：什么是启蒙?》虽然这先于康德的同名文章的发表，但是康德并没有看到这篇文章。门德尔松在这里表达了一种对启蒙的更审慎的态度，他将启蒙分为人的启蒙和公民的启蒙，某些对人之为人有用的真理，对于作为公民的人来说有时候是有害的。如果一个国家中人的命运和公民的命运不相符合，那么对人来说必不可少的启蒙很难不会在所有阶层得到传播从而摧毁政体，这是一个国家的不幸。这里，哲学就变得哑口无言了。重要的是要确立某些解决冲突的规则：

如果某些有用的以及对人类来说是修饰性的真理若不摧毁盛行的宗教和道德教条就不会得到传播，那么这个爱好美德的启蒙的传播者就要从审慎和谨慎入手，就要忍受成见而不是贸然驱除与之如此密切交错的真理。当然，这个准则已经变成伪善者的堡垒，由于它，我们才有这数个世纪来的野蛮和迷信。每当人们渴望将罪恶绳之于法时，他就在这个避难所中寻求庇护。尽管如此，甚至在最启蒙的时代，人类的朋友也仍须尊重这些考虑。发现把利用与滥用分离开来的界限是困难的，但并不是不可能的。②

门德尔松曾称康德是“完全的摧毁者（all - destroyer）”③，确实，康德在摧毁旧的秩序方面表现得太激烈了。康德承认，共同体的一些成员必须保持消极的态度，以便他们由于人为的一致性而由政府引向公共的目的，或者至少防止破坏这一目的。但是，有些成员“同时也是作为整个共同体的、乃至于作为世界公民社会的成员而论，从而也就是以一个学者的资格通过写作面向严格意

---

① 〔德〕康德：《答复这个问题：什么是启蒙?》，载于《历史理性批判文集》，何兆武译，北京：商务印书馆，1990年版，第29—30页。

② 〔德〕摩西·门德尔松：《论这个问题：什么是启蒙?》，詹姆斯·施密特：《启蒙运动与现代性——18世纪与20世纪的对话》，徐向东等译，上海：上海人民出版社，2005年版，第58页。

③ Hannah Arendt, *Lecture on Kant' s Political Philosophy*, Edited and with an interpretive essay by Ronzld Beiner, the University of Chicago Press, Chicago, 1982, p. 34.

义上的公众时，则他是绝对可以争辩的，而不致因此就有损于他作为一个消极的成员所从事的那种事业”①。他在后来的《系科之争》中又写道：“人们把那种依照自律，即自由地进行判断的能力称为理性，因此哲学系必须被认为是自由的，只处于理性、而不是政府的立法规范之下，因为它必须为它所要接受或承认的学说的真理负责。”② 因为理性是普遍的，所以才是世界的，学者既属于一个特定的共同体，但更是一个世界公民，纯粹理性批判建立起的是一个理性的王国，理性是新的立法者。

## 二、世界公民与世界历史：法制状态

门德尔松看到了作为人的命运与作为公民的命运的冲突，对此康德似乎觉得并不是严重的问题。③ 世界公民这个概念在那个时代是个流行的术语，是理想主义者的术语，但也是个模糊的概念，甚至包含着悖谬的东西。很显然，一个公民属于一个世界性的政府是荒谬的说法，康德只是在提到公开运用自己理性的学者时提到世界公民，也就是说世界公民是理性的，④ 不过康德很清楚，人的行为虽然不是像动物那样仅仅出于本能，但也不是都像理性的世界公民那样按计划行事，否则也就无须启蒙了。

康德对世人的判断实际上是极为幽暗的：

当我们看到人类在世界的大舞台上表现出来的所作所为，我们就无法抑制

① 〔德〕康德：《答复这个问题：什么是启蒙?》，载于《历史理性批判文集》，何兆武译，北京：商务印书馆，1990年版，第25页。

② 〔德〕康德：《系科之争》，载于康德：《论教育学》，赵鹏等译，上海：世纪出版集团，2005年版，第69页。

③ 〔德〕康德：《答复这个问题：什么是启蒙?》，载于《历史理性批判文集》，何兆武译，北京：商务印书馆，1990年版，第31页。

④ 〔德〕康德：《世界公民观点之下的普遍历史观念》，载于《历史理性批判文集》，何兆武译，北京：商务印书馆，1990年版，第2页。

自己的某种厌恶之情；而且尽管在个别人的身上随处都闪烁着智慧，可是我们却发现，就其全体而论，一切归根到底都是由愚蠢、幼稚的虚荣甚至还往往是由幼稚的罪恶和毁灭欲所交织而成的。①

康德似乎分享了哲学家对世俗生命的传统看法：尘世中生命不仅是必死的，而且是令人困苦不堪的，充满了焦虑、担心、痛苦和悲伤，而且苦痛和忧伤总是超过了快乐和满足。他说："生命的再延长不过是延长了一种纯粹与艰难困苦相角逐的游戏罢了。"即使"人们可以期待 800 岁或者更长的寿命的话"，人类也不会因此而受益；因为其罪行"伴随着如此悠长的生命，将会达到这样的高度，以至于除了一场普遍的洪水把他们从大地上消灭干净之外，他们就再也不配享有更好的命运"②。生命不过是一段"缓刑期（time of probation)"，即使是最卓越的人也"将在烦扰中度过（will fret his life away)"③，他在《实用人类学》中还谈到"生命就是同等地负担"④。

康德清楚地知道一个哲学家是什么样的，那是"一个属于忧郁型心灵结构的人"，这种人

不大关心别人是怎样判断的，别人认为什么是善或真，他在这方面仅仅依靠的是他自己的看法，因为他的动机得自于原则的本性，所以他不轻易同意别人的想法，……真实性是崇高的，而且他痛恨谎言和虚伪。他对于人性的尊严，有着一种高度的感情。他重视他自己，并且把一个人看作是一种值得尊重的造化产物。他不能忍受恶意的侮辱，他在自己高贵的胸中呼吸着自由，一切

---

① 〔德〕康德：《世界公民观点之下的普遍历史观念》，载于《历史理性批判文集》，何兆武译，北京：商务印书馆，1990 年版，第 2 页。

② 〔德〕康德："重提这个问题：人类是在不断朝着改善前进吗?"，载于《历史理性批判文集》，何兆武译，北京：商务印书馆，1990 年版，第 76 页。

③ Hannah Arendt, *Lecture on Kant' s Political Philosophy*, Edited and with an interpretive essay by Ronzld Beiner, the University of Chicago Press, Chicago, 1982, p. 25.

④ 〔德〕康德：《实用人类学》，邓晓芒译，郑宝华主编：《康德文集》，北京：改革出版社，1997 年版，第 483 页。

枷锁，从人们在宫廷里所佩戴的金饰直到船奴们身上沉重的铁链，对他都是可憎的。他对自己和对别人都是一个严厉的审判官，而且也常常不免对自己以及对世界都会厌倦。①

对于哲学家来说，关于我们这个如此之以优越而自诩的物种的概念只能是："既然他对于人类及其表演的整体，根本就不能假设有任何有理性的自己的目标，那么他就应该探讨他是否能在人类事务的这一悖谬的进程之中发现有某种自然的目标；根据这种自然的目标被创造出来的人虽则其行程并没有自己的计划，但却有可能有一部服从某种确定的自然计划的历史。"②

康德的意图很明显，他说，大自然曾产生过一位开普勒，他以一种出人意料的方式使得行星的运行轨道服从确切的定律；大自然还产生了牛顿，他以一条普遍的自然原因阐明了这些定律。那么是否能够找到历史的定律呢？康德在历史的个体中没有发现理性的目标，他转而将个体融化在一个整体中，试图发现普遍的意义，或者说世界历史。在此之前，人们对历史的看法都是从具体性事件出发的，历史似乎不过是一连串悲惨的事件，但是康德转换了视角，把历史作为一个整体来对待，并试图勾勒出理性的线索。

问题在于，康德为什么试图按照一种先验的观念来编写一部历史呢？他认为这并不是无关紧要的，这涉及我们的希望：如果在至高无上的智慧的伟大舞台上，包含有其全部的目的在内的那一部分——以及全人类的历史——竟然不过是一场不断地和它相反的抗议的话，那么我们为什么要在没有理性的自然界之中赞美造化的光荣和智慧？是为了不至于对这个世界绝望，不至于去在另一个世界中寻找希望。③

康德对历史规律的省察包含着关于自然目的论的终极假设：一、自然禀赋

---

① 〔德〕康德：《论优美感和崇高感》，何兆武译，北京：商务印书馆，2001 年版，第 19—20 页。

② 〔德〕康德：《世界公民观点之下的普遍历史观念》，载于《历史理性批判文集》，何兆武译，北京：商务印书馆，1990 年版，第 2 页。

③ 同上注，第 20 页。

是注定要充分且合目的地发展出来，这是一条自然论的目的论原则，也就是说，我们必须假设我们面对的是一个合法则的大自然，否则令人绝望的偶然性就会取代理性的线索。二、就人作为地球上唯一的理性生物而言，其自然禀赋就在于使用人的理性，并充分地发展出来，但只能在整个物种身上才实现，而不是在个体身上。① 每一个世代都得把自己的启蒙流传给后一个世代，否则大自然又有唯独对于人类是在进行一场儿戏的嫌疑了。伯瑞（Bury）抱怨说，康德在没有任何解释的前提下而使用终极原因的假设是一个缺点，他没有作出任何尝试来说明，事件的前后承继若没有对目的的假设就无法进行解释，他对这一问题的解决办法受到终极性（finality）这一概念的制约，也受制于这样一个未经证实的假设，即自然所做到的一切都绝不是毫无目的的。②

实际上康德依赖于自然目的论的终极假设的直接意义在于另一个假设，即进步的假设。但这不再是个体的进步，而是人作为一个种族的进步。这个实践性的假设在康德之前的启蒙时期都是由自然神论提供的，最典型的是莱布尼茨方式的神正论提供的，但这条路在康德那里不再可能了，因为，纯粹理性的批判已经将这些神驱逐出了理性的王国。

进步的信念是一种信仰的行为，人类的进步、天意以及个人的不朽都属于同一类型的信念。是否相信这一点，在康德看来取决于从人性里是不是可以发现一些禀赋使人类得以朝着改善前进。门德尔松反对莱辛关于对人类的神明教育的学说，说“大地上的人类整体，在时间的长河里总是在前进着和完美化的”不过是妄想。他认为：“我们看到的是，人类在整体上是微小地在摇摆着；他们只要前进几步，接着马上就以加倍的速度又退回到自己以前的状态。”“个人是前进的，但是人类却永远是在固定的限度之内上下波动着；人类就整体来看，在所有的时代里大致都保持着同一样的道德水平，同一样宗教与非宗

① Kant：*Political Writings*，Edited with an Introduction and Notes by Han Reiss，Translated by H. B. Nisbet，Cambridge University Press，1970，p. 42.

② 〔英〕约翰·伯瑞：《进步的观念》，范祥涛译，上海：上海三联书店，2005 年版，第 171 页。

教的、德行与罪行的、幸福与悲惨的程度。"①

康德却持有另一种意见：

如果说看到一个有德的人与逆境和罪恶的诱惑进行斗争，那真是一幕配得上神明的景象，那么看到人类一个世代又一个世代地朝着德行迈进，然后又马上重新堕落到罪恶的悲惨的深渊里去，那就真是一幕我不用说是神明而且就连最普通的但思想良好的人也一点都配不上的景象了。这样的悲剧只观赏片刻，或许还可能是动人的并且有启发性，但是幕最后总得要落下来的。因为从长期看来，那就成为一场滑稽剧了。而且纵使演员们乐此不疲，因为他们都是些蠢人；可是观众却会疲倦的。②

康德认为，不假设进步，什么事情都是无意义的。进步的进程可能被打断，但是绝不会中断。大自然也有着能够保证进步的机制，这就是人类在社会中的对抗性，康德将其概括为"非社会的社会性"：人具有一种要使自己社会化的倾向，因为他要在这样的一种状态里才会感到自己不止于是人而已，也就是说才感到他的自然禀赋得到了发展；同时他也具有一种强大的、要求单独化的倾向，要求按照自己的意思来摆布一切，从而也会处处遇到阻力。"可是正是这种阻力才唤起了人类的全部能力，推动他们去克服自己的懒惰倾向，并且由于虚荣心、权力欲或贪婪心的驱使而要在他的同胞们——他既不能很好地容忍他们，可又不能脱离他们——中间为自己争得一席地位。于是就出现了由野蛮进入文化的真正的第一步，而文化本身就是人类的社会价值之所在。"③

不过，这种对抗性必须转化为一种稳固的秩序，"这种对抗性终将成为人类合法秩序的原因"。这一简洁的命题可以说是康德的基本法律观。这乃是一

① 〔德〕康德：《论通常的说法：这在理论上可能是正确的，但在实践上是行不通的》，载于《历史理性批判文集》，何兆武译，北京：商务印书馆，1990年版，第203页。

② 同上注，第203—204页。

③ 〔德〕康德：《世界公民观点之下的普遍历史观念》，载于《历史理性批判文集》，何兆武译，北京：商务印书馆，1990年版，第7页。

个重大问题，“大自然迫使人类去加以解决的最大的问题，就是建立起一个普遍正义的公民社会”①。“这个问题既是最困难的问题，同时又是最后才能被人类解决的问题”②。

这是一个贯穿康德思想始终的问题。在其早期的一篇文章中，康德既体验到了孤独者的崇高的恐惧：

当我临近了自然界最边缘的尽头时，我就注视到漫无边际的虚空的阴影沉入了我面前的深渊。那是一个永恒的沉寂、孤独和黑暗的可怕的国土！这个景象使我充满了不可言喻的恐惧。最后的星光在我的视线里慢慢消逝了，最后闪耀着的光亮终于消逝在最遥远的黑暗之中。绝望的死亡焦虑每时每刻地都在增长着，正如每时每刻我和最后还有人居住的那个世界的距离都在加大。我怀着无法忍受的内心焦虑在想着，哪怕是一千年里有一万次把我远远地带到了一切被创造的世界的界限之外的彼岸，我也仍然要无援无助地而且毫无返回希望地永远在仰望着前面无从窥测的黑暗深渊了。——我就在这种迷乱之中朝着现实的对象那么热烈地伸出去我的手，以至于我因此醒了过来。于是我学习到了要尊人；因为即使是我在自己幸运的虚骄时刻拒之于门外的那些最微不足道的人，我在那种可怕的荒凉中也要把他们置于远远超出哥尔康达（Golconda）的全部财富之上的。③

也同时发现了那芸芸众生中原则的美妙：

---

① Kant：*Political Writings*，Edited with an Introduction and Notes by Han Reiss，Translated by H. B. Nisbet，Cambridge University Press，1970，p. 45. 何兆武的中文译本将其译为“大自然迫使人类去加以解决的最大的问题，就是建立起一个普遍法治的公民社会”。见《历史理性批判文集》，何兆武译，北京：商务印书馆，1990 年版，第 8 页。

② 〔德〕康德：《世界公民观点之下的普遍历史观念》，载于《历史理性批判文集》，何兆武译，北京：商务印书馆，1990 年版，第 9 页。

③ 〔德〕康德：《论优美感和崇高感》，何兆武译，北京：商务印书馆，2001 年版，第 4 页。

把自己最可爱的自我就定位在眼前，作为是自己努力的唯一参照点，并且力图使一切都以自利为轴心而转动的人，这种人乃是最大多数。在这一点上是不可能有任何不利的，因为这种人乃是最勤奋的、最守秩序的和最谨慎的，他们赋给了全体以支撑和稳固，从而他们就无意之中成了对公众有利的，这就创造了必要的所需并提供了基础，使得一些更美好的灵魂得以发扬美与和谐。①

这个问题后来并没有消失，只不过逐渐转换了论述的方式，康德试图使社会对抗性理性化——在法律的秩序界限内。法制问题成为康德晚年思考的一个核心问题，尤其是在法国大革命以后的时期，我们可以在1790年写作的《判断力批判》中读到这样的论述：

我们在近代所从事的一种彻底地改造，即把一个伟大的民族改造成一个国家时，就很恰当地频繁使用了有机体这个词来建立市政机构等等乃至于整个国体。因为在这样一个整体中每个成员当然都不应当仅仅是手段，而同时也是目的，并由于他参与了去促成这个整体的可能性，他又应是按照他的地位和职能而由整体的理念所规定的。②

如何把一个民族转变为一个国家，如何构造这个国家，如何建立一个共和国，总而言之，法权论成为康德晚年最关注的问题。原有的关于自然的目的以及社会对抗性并没有消失，而是和法权问题结合在一起，《判断力批判》的第一部分处理的就是社会性这个问题，第二部分就是自然的目的问题，而法权问题恰恰是能够将二者统一起来的关键。在1795年的《永久和平论中》我们读到：提供永久和平保证的“并非是什么微不足道的东西，而这正好是大自然这

① 〔德〕康德：《论优美感和崇高感》，何兆武译，北京：商务印书馆，2001年版，第26—27页。

② 〔德〕康德：《判断力批判》，邓晓芒译，杨祖陶校，北京：人民出版社，2002年版，第227页。

位伟大的艺术家本身［natura daedala rerum（大自然这位万物的设计师）］”①；同样在1797年康德匆匆完成了《法权论的形而上学初始根据》；1797年写作的《重提这个问题：人类是在不断地朝着改善前进吗?》（《系科之争》第二部分：《哲学系与法学系的争执》）中提到了创造国家的义务：

柏拉图的“大西国”、莫尔的“乌托邦”、哈林顿的“大洋国”以及阿雷的“塞韦朗比亚”，都曾经一一地被带上舞台，但却从不曾有人尝试过（克伦威尔的专制共和国那个失败了的畸形儿除外）。——创造国家的经历也像创造世界一样，当时是没有人在场的，而且它也不可能出席这样一场创造，因为否则的话它就必定地是它自身的创造主了。希望一个像我们在这里所设想的国家有朝一日，无论它可能来得多么迟缓，能达到完美之境，那只是一场美妙的梦；然而不断地趋近于它则不仅是可以设想的，而且就其可能与道德法则相一致而言还是义务，但并非是国家公民的义务而是国家首脑的义务。②

康德展示的是某种绝望和希望的混合体：大自然的造物——人类，不过是一些弯曲的木料，这里面是凿不出什么彻底笔直的东西的；大自然又赋予人类以理性，能够使自己变得文明、变得有文化，赋予人类朝着那美好的秩序前进的观念。大自然先是迫使每个个体进入某种合法秩序的共同体——国家，然后又再度利用人们的、乃至于社会以及国家共同体这类被创造物的不合群性作为手段，也就是通过战争、通过极度紧张而永远不松弛的备战活动，使每个国家必定在其内部深刻感受到必需的一种方式来尝试走向法律状态，这是经历了如此之多的惨痛经历后，理性告诉他们的东西：从没有法律的状态走向各民族的联盟，最终这种联合的力量导致一种保卫国家公共安全的世界公民状态。

---

①〔德〕康德：《永久和平论》，载于《历史理性批判文集》，何兆武译，北京：商务印书馆，1990年版，第118页。

②〔德〕康德：《系科之争》，载于康德：《论教育学》，赵鹏等译，上海：世纪出版集团，2005年版，第123页。

# 第五编　理性法权秩序：以康德为例

## 一、背景：理性的整全秩序

纯粹理性批判建立了理性的王国，这个王国的立法有两个对象：自然和自由。① 这正对应于康德处理的这两个基本问题：1．我能够知道什么？2．我应当做什么？第一个问题是理论的，第二个问题是实践的。然而康德认为，哲学的基本问题有三个，这第三个问题是：我可以希望什么？换一个问法乃是：如果我做了我应当做的，那么我可以希望什么？康德说，这个问题既是实践的又是理论的。前两个问题是事实和价值的问题，康德将这二者严格地区分开来，第三个问题试图将事实和价值联结起来。

只有“希望”这个概念才能将理论和实践联结起来：

> 因为一切希望都是指向幸福的，并且它在关于实践和道德律方面所是的东西，恰好和知识及自然律在对事物的理论认识方面所是的是同一个东西。前者最终会推出这种结论，即某物有（它规定着最后可能的目的），是因为某物应当发生；后者则会推出那种结论，即某物有（它作为至上原因而起作用），是因为有某物发生了。②

① 〔德〕康德：《纯粹理性批判》，邓晓芒译，杨祖陶校，北京：人民出版社，2004年版，第634页。

② 同上注，第612页。

这是关于幸福的问题，也是人的全部问题所在。最笼统地说，幸福是我们一切爱好的满足。康德区分了两种爱好：如果我们满足的是我们的欲望、快乐，简单地说来就是个人的私利、好处，如财富、名誉、权力等等，只要我们有了这某一方面的目的，只需要理性告诉我们实现这些目的的方法、手段即可，这可以称之为明智的规则。但是，这里的幸福实际上是个很不确定的概念，虽然每个人都想要得到幸福，但他从来不能确定，也不能前后一致地告诉自己，他到底想望的是什么，因为这种幸福的概念包含的因素都是经验的。你想要的是财富吗？但这将带来多少烦恼、忌妒和危险啊！想要的是博学和深思吗？这可能只不过是眼光更加锐利，发现了那些没有被发现的也是无法避免的邪恶，引起更大的恐惧，增加更多的折磨人的欲望而已。或者想长寿吗？谁能保证这不会变成是长期的痛苦呢？这里无法找到一个使他真正幸福、万无一失的原则。①

事实上，一个理性越是处心积虑地想得到生活上的舒适和幸福，那么这个人就越是得不到真正的满足。由此，很多人特别是些最精明的人，如果他们肯坦白承认的话，在一定程度上产生了对理性的憎恨。因为经过策划，不论他们得利多少，且不说从日常奢侈品技术的发明，以及从对他们最后仍不外是理智奢侈品的学问的受益，事实上他们所得到的始终是无法摆脱的烦恼，而不是幸福。②

另外一种爱好是指我们所有的行为的动机没有别的，只是要配得上幸福，这称之为道德的。③ 这是一种善良的意志，康德说，它并不因为它所促成的事物而善，并不因它所期望的事物而善，也不因它善于达到预定的目标而善，仅

① 〔德〕康德：《道德形而上学基础》，苗力田译，上海：上海人民出版社，2002年版，第35—36页。

② 同上注，第10—11页。

③ 〔德〕康德：《纯粹理性批判》，邓晓芒译，杨祖陶校，北京：人民出版社，2004年版，第612页。

仅是由于意愿而善，它是自在的善。这是康德所发现的也是他无比珍贵的道德意志。就像卢梭曾唱过一曲良心的赞歌一样，康德对善良的意志也是反复赞叹：

任何为了满足一种爱好而产生的东西，甚至所有爱好的总和，都不能望其项背。如果由于生不逢时，或者由于无情自然的苛待，这样的意志完全丧失了实现其意图的能力。如果他竭尽自己最大的力量，仍然还是一无所有，所剩下的只是善良意志，它仍如一颗宝石一样，自身就发射着耀目的光芒，自身之内就具有价值。①

有两样东西，人们越是经常持久地对之凝神思索，它们就越是使内心充满常新而日增的惊奇和敬畏：我头上的星空和我心中的道德律。对这两者，我不可当作隐蔽在黑暗中或是夸大其辞的东西到我的视野之外去寻求和猜测；……后者从我的不可见的自我、我的人格开始并把我呈现在这样一个世界中，这个世界具有真实的无限性，……这一景象把我作为一个理智者的价值通过我的人格无限地提升了，在这种人格中道德律向我展示了一种不依赖于动物性、甚至不依赖于整个感性世界的生活，这些至少都是可以从我凭借这个法则而存有的合目的性使命中得到核准的，这种使命不受此生条件和界限的局限，而是进向无限的。②

康德试图区分德行和幸福，德行是一种义务，把幸福当做德行的目标或奖赏，便掩盖了道德是不问私人后果而强加给我们的事实。不过应该指出的是，对康德来说，德行或者说义务与幸福并不是对立的；一个人获得幸福可能是由于履行了义务，但是后者优先于前者，虽说道德信念必然在感性世界带来幸福

① 〔德〕康德：《道德形而上学基础》，苗力田译，上海：上海人民出版社，2002 年版，第 9 页。

② 〔德〕康德：《实践理性批判》，邓晓芒译，杨祖陶校，北京：人民出版社，2003 年版，第 220—221 页。

这是错误的，但是这并非不可能应当在本体世界发生，这正是康德保留灵魂不死的原因，也是我们可以希望的理由。康德之所以说，我可以希望什么的问题既是实践的又是理论的，并不是说实践的引线把我们导向这样一个对象，对它们的认识会提供我们关于希望之条件的理论认识，而是说，实践的引线展开了一个纬度，在其中，我们的希望能够作为理论知识的一个代用品。①

简而言之，在实践领域，善良意志使我配享幸福，但我事实上不会获得幸福，除非满足某些条件，即上帝存在、人格不朽，这也是我们能够希望的理由。

问题在于康德如何论证这种希望的合理性：幸福或者说明智的规则建议我们，如果要享有幸福的话必须做什么，而配享幸福或者说道德律命令我们，仅仅为了配得上幸福我们应当怎么做，“前者基于经验性的原则，因为除了借助于经验以外，我既不会知道有哪些要满足的爱好，也不会知道能导致满足这些爱好的自然原因是什么。后者抽掉了爱好及满足这些爱好的自然手段，只一般地考察一个理性存在者的自由，以及这自由唯有在其之下才与幸福的按照原则的分配相一致的那个必要条件，所以至少是有可能基于纯粹理性的单纯理念并被先天地认识的”②。

纯粹理性虽然不是在其思辨的运用中，但却是在某种实践的运用中，也就是在道德的运用中，包含有经验可能性的原则，即这样一些行动的原则，这些行动在人类历史中有可能以合乎道德规范的方式见到。③

康德似乎给了我们一个奇怪的观点：那可能符合道德规范的行动处在人类历史之中，但是作出这些行动的自由选择以及作为道德行为者的我们的存在，

① 〔美〕S. 罗森：《德行与幸福：康德对亚里士多德》，成官泯译，载于《世界哲学》，2005 年第 2 期，第 49 页。

② 〔德〕康德：《纯粹理性批判》，邓晓芒译，杨祖陶校，北京：人民出版社，2004 年版，第 613 页。

③ 同上注。

则不可能处在历史之中。

康德接着说：

幸福只有在与理性存在者的德行严格成比例、因而使理性存在者配得幸福时，才构成一个世界的至善，我们必须根据纯粹的但却是实践的理性的规范在这个世界中安身立命，但这个世界只是一个理智的世界，因为感官世界并没有从物的本性中给我们预示出目的的这样一种系统的统一，这种统一的实在性也不能建立在别的东西之上，而只能建立在一个最高的本源的善的预设之上。在那里，以某种至上原因的一切充分性装备起来的独立理性，按照最完善的合目的性，而把普遍的、虽然在感官世界中极力向我们隐藏着的事物的秩序建立起来、维持下来和完成起来。①

最终的保证乃是一种道德神学，必须有一个唯一的、最高完善性的、有理性的原始存在者。这个存在者是全能的，以便整个自然以及其与德行的关系都服从于它。由此，这个诸理智世界中，诸目的的系统统一不可避免地导致万物的合目的性的统一。万物按照普遍的自然律构成这个大全，从而一切自然的研究由此而得到了一个指向目的系统形式的方向，并在其最高的扩张中成为自然神学。②

在康德那里，人类不仅仅是像一切有机物那样作为自然目的，即人本身就是目的性的存在物，而且在这个地球上也是一切其他自然物都与之相关地构成一目的系统的那个自然最后目的，而这只能是“对能够被人利用（外在的和内在的）自然来达到的各种各样目的的适应性（aptitude）和熟巧（skill）”，即人类的文化。③

① 〔德〕康德：《纯粹理性批判》，邓晓芒译，杨祖陶校，北京：人民出版社，2004年版，第617—618页。

② 同上注，第618—619页。

③ 〔德〕康德：《判断力批判》，邓晓芒译，杨祖陶校，北京：人民出版社，2002年版，第287页。

因此，构成了大自然的目的的东西，和道德律具有外在的一致性，这就是法制：欲望和义务的结合。作为个体的人大多沉溺在自己的欲望中，这是快乐而又悲惨的个人世界，我们依附于某些自然物，让本能冲动给我们套上了枷锁，但是大自然的管教（训练）迫使人们从欲望的专制中解放出来，一种法权秩序从而是必须的。

## 二、理性的法权秩序

### 1．国家法权的建立

康德说，当大自然要求成就这样或那样的事，并不是说强加给我们一项义务，而是说，无论我们愿意与否，她本身都会做到这一点，就像塞涅卡说的：愿意的人命运引导着走，不愿意的人命运拖着走。康德似乎认为战争就是大自然的铁鞭："即使一个民族不是由于内部的不和而不得不使自己屈服于公开法律的强制之下，战争也会从外部做到这一点的。"① 因为根据大自然的安排，每一个民族都发现自己与另一个紧逼着自己的民族为邻，对此它必须从内部使自己形成一个国家，以便作为一个强权能够武装起来进行对抗。

和卢梭一样，康德追问的并不是历史事实，他懂得起源和目的有关。这是超越个人渺小的认知能力的隐秘的意图，许多人以为那似乎是天意的国家体制必须得是一个天使的国家，因为人类的自私秉性是不能够造就那么崇高的形式的体制的，可是大自然恰恰利用了人类的自私倾向而造就了那令人赞赏的东西。它只是使人们的每一种力量都彼此地互相针对，以至于其中的一种足以防止另一种的毁灭性的作用或者是抵消他们，在理性看来，就好像是双方根本不存在似的：

① 〔德〕康德：《永久和平论》，载于《历史理性批判文集》，何兆武译，北京：商务印书馆，1990 年版，第 124 页。

建立国家这个问题不管听起来是多么困难，即使是一个魔鬼的民族也能解决的（只要他们有此理智）；那就是这样说：一群有理性的生物为了保存自己而在一起要求普遍的法律，但是他们每一个人又秘密地倾向于把自己除外；他们应该是这样地安排并建立他们的体制，以至于尽管他们自己私下的心愿是彼此极力相反的，却又如此之彼此互相防止了这一点，从而在他们的公开行为中其结果又恰好正像他们并没有任何这类恶劣的心愿是一样的。①

康德实际上极端地修正了一个好人与一个好公民之间的关系，“一个人即使不是一个道德良好的人，也会被强制成为一个良好的公民的”；“这样一个问题（指建立国家的问题）是必定可以解决的。因为它并不在于人类道德的改善”；“正如良好的国家体制并不能期待于道德，倒是相反地一个民族良好道德的形成首先就要期待于良好的国家体制”。这换句话说就是，一个坏人在一个好的国家体制中也能成为一个好公民。② 而我们熟知的亚里士多德的说法是：一个好人只有在一个好政体之下才能成为好公民。在康德的理论中，伦理不再是政治的一个要素，古典的伦理要求总是试图将政治导引着和自己保持一致，道德总是提升政治行动，个体的德行要求总是和城邦的目的相契合，这一切被近代人坚决地拒斥了，道德和政治愈走愈远，康德不过是将这种趋势清晰地展示了出来：道德只能在个体最内在的意图中寻求藏身之所；政治则公然无情地嘲笑良知，只要伪装得好，哪怕多么邪恶，也可以是一个好公民。很显然，关于国家体制，康德关注的只是形式的、外在的，丝毫不涉及内在的意图。这源于康德对道德的要求既极为彻底，又极为严格。他曾说，也许人类历史到了今天也找不出一例严格地说来符合道德法则的行为。而道德的严格主义将所有关注幸福的行为取消了价值的尊严，他只关注某种普遍法则的标准，唯

① 〔德〕康德：《永久和平论》，载于《历史理性批判文集》，何兆武译，北京：商务印书馆，1990 年版，第 125 页。

② Hannah Arendt, *Lecture on Kant' s Political Philosophy*, Edited and with an interpretive essay by Ronzld Beiner, the University of Chicago Press, Chicago 1982, p. 17.

有这才是实践理性的形式，法制的唯一尊严只剩下和普遍法则保持外在的一致了。

更深层次的意义在于，康德通过修正道德和政治的关联，从而根本上修正了关于“人”的观念，这也是近代社会契约论的政治哲学的逻辑结论。因为这一哲学的构造政治体的基本路径都是试图假设某种自然状态，而自然状态不过是剥除了人的某些社会性而已，但是这种哲学又要求从自然状态向社会状态的过渡，从而又需要某种道德、政治的秉性逐步赋予自然状态的人，这样一个理论的努力注定乃是失败的，因为他们总是偷偷地将自己所认定的道德、政治秉性先隐藏在自然状态的人身上，然后逐步发展起来过渡到社会状态，这终归到底是一个循环论证，但这种观念造成的后果是将人的习惯的、传统的道德、政治秉性观念逐步涤荡，以至于人成了道德中立化的动物了。① 康德极为珍视的“普遍法则”不过是将所有具体的社会德行抽干后留下的干枯的形式而已，其后果就表现为人在道德上既可以选择成为善的，也可以选择成为恶的：

道德法则是借助于人的道德禀赋，不可抗拒地强加给人的。而且，如果没有别的相反的动机起作用，人就也会把它当作人性的充分规定根据，纳入自己的最高准则，也就是说，人就会在道德上是善的。不过，人由于其同样无辜的自然禀赋，毕竟也依赖于感性的动机，并把他们（根据自爱的主观原则）也纳入自己的准则。但是，如果他把感性的动机作为本身独立自主地规定任性的东西纳入自己的准则，而不把道德法则（这是他在自身之中就拥有的）放在心上，那么，他就会在道德上是恶的。……因此，人是善的还是恶的，其区别必然不在于他纳入自己准则的动机的区别（不在于准则的这些质料），而是在于主从关系（准则的形式），即他把二者中的哪一个作为另一个的条件。因此，人（即使是最好的人）之所以是恶的，乃是由于他虽然除了自爱的法则之外，还把道德法则纳入自己的准则，但在把各种动机纳入自己的准则时，却

① 〔美〕列奥·施特劳斯：《自然权利与历史》，彭刚译，北京：三联出版社 2003 年版，甘阳先生的序言，第 57 页。

颠倒了它们的道德次序。①

在康德那里，一棵坏树怎么可能结出好果子？一棵好树又怎么确实结出了坏果子？这是神秘的，超出我们的概念的，② 德行的获得需要一种心灵的转变，这也是一种神奇的东西，最终，康德诉诸我们心中的道德法则的实在性获得向善的希望。无论如何，如果我们去求助历史来寻找人类向善的根据，这注定是要失望的。正是因为康德的道德概念的严格性、它对来世的预设以及由此和现世的行为之间存在着巨大的距离，而个人主义原则又无法建立起政治体的法则，所以在康德那里出现了一种超个人主义的新路径，那就是在个人行动的背后存在的隐秘的意图，由此，虽然康德对政治体的论证采取了契约论的概念，但是实际上背离了契约论或者说毁灭了契约论，康德的设想实际上是从个人意志的路径到普遍意志路径的过渡，这正是后来的谢林、黑格尔的途径。

康德明确否认所谓社会契约的现实存在或历史存在。作为一个理论问题，该契约是理想化的、合乎逻辑的国家的必备基础，但是作为一个事实问题，从经验上来看它决不是必要的。“人们不可能达到公民社会开始的时刻（因为野蛮人并没有设立他们服从法律的任何工具，而且从原始人的天性也可以看出，他们是以暴力开始的）。”③ 而且对于政治社会的公民来说，探究最高权力的起源也许还是危险的：

无论在起源上是一个臣服于他的现实契约作为一个事实已经先行，还是权力先行而法律只是随后出现，或者也应当在这种秩序中跟进，这对现在依然处在公民法律之下的人民而言，是完全没有目的的、却使国家濒临危险的玄想，因为现在对后一种起源绞尽脑汁的臣民，如果要反抗目前占统治地位的权威，

① 〔德〕康德：《纯粹理性界限内的宗教》，李秋零译，李秋零主编：《康德著作全集》第六卷，北京：中国人民大学出版社，2007 年版，第 35—36 页。

② 同上注，第 45 页。

③ 〔德〕康德：《法权论的形而上学初始根据》，张荣等译，李秋零主编：《康德著作全集》第六卷，北京：中国人民大学出版社，2007 年版，第 352 页。

那么，他就会按照权威的法则，亦即有充分的理由被惩罚、被消灭，或者（作为被剥夺公民权的，exlex［法权之外的］）被逐出。一项法律，它是如此神圣的（不可侵犯的），以至于在实践上哪怕只是对它产生怀疑，因而有一刻中止了它的效果，就已经是一种犯罪了，这种法律就被这样来表现，就好像它不是来自人，但却必须是来自某个最高的、无可指摘的立法者似的，而这就是“一切权力来自上帝”这个命题的涵义，这个命题表达的不是公民宪政的一个历史根据，而是一个作为实践理性原则的理念：应当服从目前现存的立法权，而不管其来源究竟是什么。①

康德说：一个国家（civitas）就是一群人在法权法则下的联合。这里意味着某种源始的契约：“根据这个契约，人民中的所有人（omne set singuli［所有人和每个人］）都放弃自己的外在自由，以便作为一个共同体，亦即被视为国家的人民的诸成员（universi［统统都有的］）而立刻重新接受这种自由。”②

## 2. 法律与权力关系的近代嬗变之极

汉娜·阿伦特曾有这样的一个论断：自柏拉图以来，对政体类型（type of government）的传统定义都是由法和权力这两个概念作为支柱的。政体类型的不同取决于权力的分配方式，即是一个人或者一些杰出的人或者大众掌握着统治权力。而判断这些类型的好坏标准在于法在权力的行使中扮演什么样的角色。合法的统治就是好的统治，无视法律的统治则是坏的统治。一直到近代博

① 〔德〕康德：《法权论的形而上学初始根据》，张荣等译，李秋零主编：《康德著作全集》第六卷，北京：中国人民大学出版社，2007 年版，第 329—330 页。也参见康德：“论通常的说法：这在理论上可能是正确的，但在实践上是行不通的。”载于《历史理性批判文集》，何兆武译，北京：商务印书馆，1990 年版，第 190 页。

② 同上注，第 326 页。这里的表述更有针对性，它是针对立法者的：“它的确是纯理性的一项纯观念，但它却有着无容置疑的（实践的）实在性，亦即，它能够束缚每一个立法者，以至它的立法就正犹如是从全体人民的联合意志里面产生出来的，并把每一个愿意成为公民的臣民都看作就仿佛他已然同意了这样一种意志那样。因为这是每一种公开法律之合权利性的试金石。”

丹的主权论横空出世之前，“法”都是真正的王者，法是政治体的界限、一道墙，权力是服从于法的，但博丹从根本上颠倒了这个秩序，他震惊于混乱状态的严重性，从而寻求极端的决断性权力，寻求一种最高权力，这种权力能够打破法的秩序，甚至在根本上法的秩序就来源于这种最高权力，这种权力号称是掌握了真理和力量的。

主权是个近代问题，在古典时代类似的问题是：“何人或何物应该统治?”古代的答案是：“法。”因为法是神的意志，或者法是理性的最高形式，只有当理性或者理性的人的统治权受到质疑的时候，主权的问题才会产生。霍布斯认为，人和人的理性是不存在重视的区别的，没有人因为理性的绝对优势而能够被人承认具有天然的统治权；而且理性从来都是服务于激情的，所以，理性不可能是主权的根基，鉴于此，就必须寻找具有决定性的意志、掌握着最高权力的人来担当主权者，如果理性失去了权威，那么，古典的“法”或者说“自然法”就失去了尊严，所以霍布斯转而寻求自然权利，这虽然是一些理性的规则，但却从根本上是服从于个人的欲望和意志的，从而近代的“法”就是自然权利的规则了，虽然同为“法”，但二者的含义相差甚远。

霍布斯发展了博丹的“主权”概念，虽然“利维坦”的最高权力是不受限制的，这看来还是在博丹奠定的权力与法的新格局，但霍布斯深刻地认识到了“主权”和“自然权利”的紧密关联，最高权力的来源不再像博丹所主张的那样，是从上而来，而是由下开始汇集，这就是社会契约论的功能；这种权力的来源似乎限制在一些理性的规则中，比如说这些权力从根本上是为了臣民的自我保全的。

在霍布斯那里，最受青睐的政体形式还是君主政体，“在他思想演变的各个阶段，霍布斯始终认为，绝对的世袭君主政体，是最佳的国家形式。在《伯罗奔尼撒战争史》译本引言里，他确实把庇西特拉图的形式上的君主政府，跟伯里克里的名义上民主、但事实上的君主政府，视为价值等同的对应政体”①。

---

① 〔美〕列奥·施特劳斯：《霍布斯的政治哲学：基础与起源》，申彤译，南京：译林出版社，2001 年 9 版，第 91 页。

不过，在西欧这种最高权力由君主独占的事实必然遭遇到其他各个阶层的挑战，同时，社会契约的政治理论本身也要求将这种最高权力不断地理性化、规范化，这正是卡尔·施密特所说的政治权力的规范化、法治化的过程，由此在逻辑上必然会导致卢梭那样的公意：最高权力来自最普遍的民众意志，公意也是最理性化的权力。同时，在卢梭那里出现了一个很显著的区分，即主权和政府的区分：

一切自由的行为，都是由两种原因的结合而产生的；一种是精神的原因，亦即决定这种行动的意志；另一种是物理的原因，亦即执行这种行动的力量。……政治体也有同样的动力，我们在这里同样地可以区别力量与意志；后者叫作立法权力，前者叫作行政权力。没有这两者的结合，便不会或者不应该做出任何事情来。①

卢梭还一再提醒读者注意他对政府这个名词的确切定义，“只有用心的人才能读懂作者的意思”。在卢梭那里，立法权力是属于人民的，而且只能是属于人民的，政府是在臣民和主权者之间的一个中间体，它是“行政权力的合法运用”，负责执行法律并维护社会的以及政治的自由。卢梭对政府的定位是微妙的：政府乃是国家共同体的小型化，是被赋予一定能力的道德人格，既像主权者一样是主动的，又像国家一样是被动的。之所以说是主动的，是因为政府必须能够以或多或少的生气和敏捷性而行动，并且能够享有或多或少的茁壮的健康；之所以是被动的，是因为从根本上，政府这个人为的共同体是国家共同体的产物，它本身只不过具有一种假借的和附属的生命。② 与此相应，卢梭认为，政府形式的建制从根本上是服从公意原则的，政体形式的问题成为一个执行法律的问题、执行“公意”的问题。

康德继承并推进了这一点，法与权力的关系的近代嬗变在这里达到了顶

① 〔法〕卢梭：《社会契约论》，何兆武译，北京：商务印书馆，1980 年版，第 71 页。

② 同上注，第 72—77 页。

点，他宣称："由一个民族全部合法的立法所必须依据的源始契约的观念而得出的唯一的体制就是共和制。"① 这实际上是近代的法和权力的根本关系：

一个国家（civitas）的形式可以是根据掌握最高国家权力的不同的人来区分，或是根据一个国家被统治的方式而不论其统治者是谁来区分。第一种就被确切地叫作**统治的形式**(*forma imperii*)，并且它只有三种可能的形式，亦即或则是仅仅一个人，或则是一些人联合起来，或则是构成为公民社会的所有人一起握有统治权力（即：**独裁政体**(*autocracy*)、**贵族政体和民主政体**——君主权力、贵族权力和人民权力)。第二种则是**政权的形式**(*forma regiminis*)，并涉及到国家如何根据宪法（即人群借以形成一个民族的那种公意的记录）而运用其全权的方式；**在这方面它或者是共和的**(*republican*) **或者是专制的**(*despotic*)。**共和主义**乃是行政权力（政府）与立法权力相分离的国家原则；**专制主义**则是国家独断地实行它为其自身所制订的法律的那种国家原则，因而也就是公共的意志只是被统治者作为自己私人的意志来加以处理的那种国家原则。②

对于康德来说，**政权的形式**比起**统治的形式**来，对于人民是更为重要的，如果代议制体系能够符合权利概念的话，就是属于共和主义方式的，凡不是代议制的一切政权形式本来就是无形式。唯有在代议制体系中共和制的方式才有可能，没有代议制体系则就是专制的和暴力的。"古代所谓的共和国没有一个是认识到这一点的，于是它们就必会都解体为专制主义，不过这种唯予一人的最高权力之下还算是一切专制之中最可忍受的一种。"③ 换句话说，现在法律

① 〔德〕康德：《永久和平论》，载于《历史理性批判文集》，何兆武译，北京：商务印书馆，1990 年版，第 105 页。

② Kant，"Perpetual Peace"，Kant：*Political Writings*，Edited with an Introductionand Notes by Han Reiss，Translated by H. B. Nisbet，Cambridge University Press，1970，p. 100—101. 英译者将 formaimperii 译为 the form of sovereignty，将 forma regiminis 译为 the form of government.

③ Kant，"*Perpetual Peace*"，Kant：*Political Writings*，EditedwithanIntroductionand Notes by Han Reiss，Translated by H. B. Nisbet，Cambridge University Press，1970，P. 102.

和权力的关系只有两种形式，要么是合法的统治，要么就是非法的统治。这实际上是近世主权概念以及社会契约论的政治哲学导致的必然结论。

对于康德来说，每一个国家都包含着三种权力，即他所说的“三重人格（triaspolitica［政治三一体］）中普遍联合起来的意志：立法者人格中的统治权（主权）、治理者人格中（按照法律）的执行权和审判人格中（根据法律判定每个人的‘他的’）的司法权”①。这三个道德人格必须首先是分离的，一个政府如果同时是立法的，那么就可被称作专制的；人民的统治者（立法者）不能同时是摄政者，因为后者是服从法律的，并通过服从法律而对主权者负有义务；最后，无论是国家统治者还是执政者都不能进行审判。

康德直接将民主政体贬为非法的：“在三种国家形式中，民主政体在这个名词的严格意义上必然是一种专制主义（despotism），因为它奠定了一种行政权力，其中所有的人可以对于一个人并且甚而是反对一个人（所以这个人是并不同意的）而做出决定，因而也就是对已不成其为所有的人的所有的人而做出决定。这是公意以其自身以及与自由的矛盾。”② 在康德看来，作为统治的形式的三种政体，即独裁政体、贵族政体和民主政体就立法原则而言，都是非法的，差别只在于，相比较民主政体而言，另外两种至少还是有可能采用一种符合于代议制体系的精神的政权方式，也就是说，它们为共和制的政权形式是留有余地

① 〔德〕康德：《法权论的形而上学初始根据》，张荣等译，李秋零主编：《康德著作全集》第六卷，北京：中国人民大学出版社，2007年版，第323页。

② 〔德〕康德：《永久和平论》，载于《历史理性批判文集》，何兆武译，北京：商务印书馆，1990年版，第108页。也参见康德对“合法的自由”的解释：“合法的（因而是对外的）自由是不能像人们所做的那样，以如下的权限来下界说的：即只要是不对任何人采取非法行动，我们就可以做自己所愿意做的一切事。什么叫权限呢？那就是指行为的可能性，只要我们不因此而对任何人采取非法行动。于是阐释就是在这样说：自由就是一个人并不因之而对任何人采取非法行动的那种行为的可能性。一个人不对任何人采取非法行动（他可以做他所愿意做的任何事），只要他不对任何人采取非法行动：由此可见，这只是空洞的同义反复。我的对外的（合法的）自由倒不如这样来解释：它乃是不必服从任何外界法律的权限，除了我能予以同意的法律而外。——同样地，一个国家中的对外的（合法的）平等也就是国家公民之间的那样一种关系，根据那种关系没有人可以合法地约束另一个人而又不自己同时也要服从那种以同样的方式反过来也能够约束自己的法律。”见康德：《永久和平论》，载于《历史理性批判文集》，何兆武译，北京：商务印书馆，1990年版，第105页，脚注②。

的，而民主政体则使这一点完全成为不可能。康德颇为欣赏腓特烈大帝将自己比作国家的第一仆人的说法。国家权力的人员越少，即统治者的人数越少，代表性就越大，国家体制也就越发符合共和主义的可能性并且通过逐步地改革就可以达到那种地步。所以贵族政体就比君主政体①更难于达到完美的合法体制了，而在民主政体下，则只有依赖暴力革命了，而这种方式恰是康德所谴责的。

简而言之，共和制乃是主权存在的理想形式，用康德的话来说，是实践理性要求的形式，但实际的主权或者说历史中的国家的主权有三种形式，即独裁制的、贵族制的和民主制的。康德使得最高权力及主权和理性普遍地结合在一起，如果以为康德使得法和权力的关系重新回到了古典时期，准确地说，回到了博丹之前的时期，那是一个巨大的误解。在使主权规范化的同时，康德同样立场鲜明地表明了主权的至高无上性："国家中的统治者对臣民只有法权而没有（强制的）义务。"② 如果说存在着针对主权者的法律权力，这些权力必须能够最终被落实，也就是说强制主权者来实现，但是这就意味着存在着比主权更高的权力，而这更高的权力也会受到限制，这意味着一种无限循环，所以这一连串的限制必须停在某一点，这只能是不受限制的并且是无法限制的国家主权者。③

康德进一步推论说，对于立法的国家首脑来说，人民没有合法的反抗：

对最高立法权力的一切对抗，使臣民们的不满变成暴力的一切煽动、暴发成为叛乱的一切举事，都是共同体中最应加以惩罚的极大罪行，因为它摧毁了

---

① 康德区分了君主制和独裁制，君主是拥有最高权力的人，而独裁者或者专制者则是拥有一切权力的人。后者是统治者，前者只是代表统治者而已。参见康德：《法权论的形而上学初始根据》，张荣等译，载于李秋零主编译：《康德著作全集》第六卷，北京：中国人民大学出版社，2007年版，第351页。

②〔德〕康德：《法权论的形而上学初始根据》，张荣等译，李秋零主编：《康德著作全集》第六卷，北京：中国人民大学出版社，2007年版，第330页。

③〔美〕小查尔斯·爱德华·梅里亚姆：《卢梭以来的主权学说史》，毕洪海译，北京：法律出版社，2006年版，第32页。

共同体的根本。而且这一禁令是无条件的，从而即使是这种国家权力或者它的代理人国家领袖，由于授权给政府完全用暴力（暴君式的）去行动而违反了源始契约，并且因此按臣民的概念来说就破坏了作为立法者的权利，臣民们也仍然不得以武力进行反抗。①

康德更是拒绝将革命的手段作为建立共和制的方式。梅里亚姆（C. E. Merriam）对此评论说，康德“以法国大革命作为逻辑前提开始，而以反对大革命的结论结束。他以个体的自愿契约开始，但最后却支持那些拥有强权的政府。作为契约产物的公意，迷失在占据着权力位置的实际统治者的意志中”②。不过，康德同时也被称为“法国大革命的哲学家”，他本人也将法国大革命评价为“最近的一次大事件”。康德谴责大革命作为一种建立共和制的手段，但是他又欢呼大革命的结果，而且“一旦革命成功并且建立一种新的宪政，那么，开始并实施这种宪政的不合法性就不能使臣民免除作为好公民顺应事物新秩序的责任”③。看似相反的观点表明了康德看待政治事务的复杂立场。

---

① 〔德〕康德：《论通常的说法：这在理论上可能是正确的，但在实践上是行不通的》，载于《历史理性批判文集》，何兆武译，北京：商务印书馆，1990年版，第193页。

② 〔美〕小查尔斯·爱德华·梅里亚姆：《卢梭以来的主权学说史》，毕洪海译，北京：法律出版社，2006年版，第35页。

③ 〔德〕康德：《法权论的形而上学初始根据》，张荣等译，李秋零主编：《康德著作全集》第六卷，北京：中国人民大学出版社，2007年版，第334页。

# 第六编 历史的迷局：法权与政治民族体

## 一、历史与天意：永久和平

当有人问他来自何方时，犬儒派哲学家第欧根尼回答说：“我是世界公民。”① 如果拉尔修的记载正确无误的话，那么“世界公民”或者“世界主义者”这个著名的说法就来自公元前4世纪的第欧根尼，不过只有等到了世界性的罗马帝国时期，这个术语才有了现实的意义，在当时有着普遍影响的斯多亚派遵循并发挥了先辈的教导，构造了一幅世界公民的景象：每个人寄身之地有二，一为我们的出生之地，另一处则是没有界限的，那是能够交谈、言辞的共同体。塞涅卡说，这个共同体是真正伟大的、真正普遍的，在这里找不到界限，是以太阳来丈量边境的。芝诺将此描述为一个梦或者一个哲学共同体。②

一千多年之后，膨胀的理性以骄傲的语调重新谈起了“世界公民”，不过只有康德使得这一术语从文人们口中虚荣的自夸变成了一个真正严肃的政治、思想主题，并试图“规划”世界公民国家。1791年，康德年近70的时候，撰写了一部小册子，题为《永久和平论》，两百年后的今天，这一小册子仍然强烈地吸引着人们。这部著作的另一个标题是：一部哲学的规划。“永久和平”

---

① 〔古希腊〕第欧根尼·拉尔修：《名哲言行录》，马永翔等译，长春：吉林人民出版社，2003年版，第365页。

② Martha C. Nussbaum, “Kant and Cosmopolitanism”, *Perpetual Peace: Essays on Kant’s Cosmopolitan Ideal*, edited by James Bohmanand MatthisaLutz – Bachmann, The MIT-press, Cambridge, 1997, p. 29.

是一个政治、法律的主题，但康德又声明是一部哲学的规划，这所指为何？

我们必须从康德的哲学对待人类事务的态度说起。政治事务从来是康德的“理性批判事业”的主题，康德沉溺在形而上学的普遍世界中，对于具体的政治事务从来不感兴趣，记载人类政治行动的历史读来不过是一长串悲惨、可怜的事件，这里充满了偶然、随意，没有任何普遍性可言。康德的实践理性从来都不是针对具体的现实中的人类行为的。在康德那里，政治行动简直可以说是不配登哲学的大雅之堂的。

政治家对哲学的不屑一顾康德也了然于胸：“实践的政治家对理论家的态度本来就是以极大的自满把他们鄙视为学究的；国家既然必须从经验的原则出发，而理论家以其空洞无物的观念又不会给国家带来任何危害，于是人们就总可以让理论家去大放厥词，而深通世故的国事活动家却不必加以重视。”①

康德明知政治行动和哲学之间存在着一道鸿沟，却仍然要为一项政治事业进行哲学的规划，这里一定存在着特别的理由，原因在于康德认为他的哲学洞察了天意，那纷纷扰扰的政治行动的背后冥冥中自有天意。上帝一直隐藏在背景中，人类的理性不足以探查其印记，人们惯常以奇迹、启示去猜测。康德的理性批判经由道德律假设了上帝的存在，也就是说，上帝的存在成为“伦理的寄生物”，道德又是被康德引以为理性的鹄的的，世界历史不断趋近于这一目的，一种法制状态逐步普遍化。理性之批判最终导致天意之昭昭：人类社会不断趋近于永久和平。

提供这一担保（或保证）的，并非是什么微不足道的东西，而正好是大自然这位伟大的艺术家本身（natura daedala rerum［大自然这位万物的设计师］）。从它那机械的进程之中显然可以表明，合目的性就是通过人类的不和乃至违反人类的意志而使和谐一致得以实现；因此之故，正有如作为我们还不认识它那作用法则的原因的强制性而言，我们就称之为命运；然而考虑到它在

①〔德〕康德：《永久和平论》，载于《历史理性批判文集》，何兆武译，北京：商务印书馆，1990年版，第97页。

世界进程之中的合目的性，则作为一种更高级的、以人类客观的终极目的为方向并且预先就决定了这一世界进程的原因的深沉智慧而言，我们就称之为天意。它本来确乎不是我们在大自然的艺术加工厂里所能够与必须认识到的，或者仅仅是从其中推论出来的，而是（就像一般地在事物的形式对于目的的全部关系中那样）我们只能并且必须这样加以思想，以便根据与人类的艺术处理相类比而对它的可能性得出一个概念来。①

康德很清楚面对的是什么问题，《永久和平论》的附录明确点出了这一点：政治说："你们要聪明如蛇。"道德又补充说："还要老实如鸽。"政治权力（politicalforce）和道德行为之间的冲突由来已久，古希腊称之为 Kratos 和 Ethos 之间的冲突——再没有比这个主题更频繁地被放在桌面上来讨论了。②马基雅维利颠覆了传统的观念，以一种令人吃惊的方式确立了权力本身的尺度。在《君主论》中，马基雅维利不相信对君主的任何道德教育是必要的。如果君主能够以足够的技巧、聪敏、残酷以及实践智慧来操纵政治权力，那将万事大吉。对于马基雅维利的核心概念"virtu"③ 中到底包含 virtue（德行）与否，是一个争论不断的问题。但是很明显，马基雅维利将重心放在了对于权力的实际运用中，而不是传统的对权力的道德教化中。

在某种意义上，康德意识到在政治的名义下发生的就是马基雅维利主义所描述的那样：非道德的利己主义。但是，这并不是政治权力拒绝道德限制的理由。康德说，如果"一切发生的或可能发生的事情都仅仅只是大自然的机械作用，那么政治（作为利用这种作用来治理人的艺术）就完全是实践的智慧，

① 〔德〕康德：《永久和平论》，载于《历史理性批判文集》，何兆武译，北京：商务印书馆，1990 年版，第 119—120 页。

② Ian Johnston，"lectureon Kant' s 'perpetualpeace''"，http：//www. mala. bc. ca/～Johnstoi/introser/kant. htm. 录于 2006. 11. 10.

③ Virtu，拉丁文是 virtus，斯金纳认为这是马基雅维利的中心概念，无法用英语中的任何单个单词或迂回曲折的词句来表达，似乎主要是指一种男子的气概、胆略。

而权利概念就是一种空洞的想法了”①。但是，事实并非如此，政治并非机械的因果关系，行动者的意图并不必然是和行动的结果一致的，也就是说，理性并没有得到充分启蒙，能观察到整个一系列前定的原因，可以预先就宣告，根据大自然的机制从人类的所作所为会得出什么样幸运的或不幸的后果来。相比较而言，理性时时刻刻都向我们清楚地表明，为了保持在义务的轨道上我们应该做什么，而且也向我们指明了通向终极目的的道路。这是天命所在，道德的守护神并不向权力的守护神——朱庇特让步，因为后者也要服从命运。

康德实际上认为，神意是可以被理性、被法权科学窥探得到。在卢梭那里，人道有可能是历史过程的产物，但是，卢梭无法预设这一点，他无法做到像康德这样的确信，因为，他不能证明历史过程一定会产生人道，也就是说，产生人道是偶然的、盲目的。但是康德的哲学能够赋予历史过程一个目的，而且康德确信具有最终达到真正的公共权利的完美的知识，因此，人成为自己命运的预见者。

人类历史最终会走向一套公共权利体制。这是康德的结论。

不过，我们对于这个结论必须立刻作出某些限制。康德远远不是一个相信进步的历史乐观主义者。阿伦特说，康德从未忘记历史的偶然性，他的历史著述也弥漫着一种忧郁的氛围。② 康德既不同意这个世界将不断沦落为恶的道德恐怖主义，也不同意许诺在道德的善的方面永无休止地继续前进的道德幸福主义，对于主张善与恶交互进行、人类上演的不过是一场滑稽剧的阿布德拉主义，康德也嗤之以鼻。在康德的眼里，历史既不是无常的，但也不是必然的，人的理性或许偶然可以窥探到了天意，但是，人的眼光永远不是神的眼光，“人类的自由行为固然也能被人类见到，但却不能确切地被人类预见到”③。对

① 〔德〕康德：《永久和平论》，载于《历史理性批判文集》，何兆武译，北京：商务印书馆，1990 年版，第 131 页。

② Hannah Arendt，Lectureon Kant’ sPolitical Philosophy，Edited and with an interpretive essayby Ronzld Beiner，the University of Chicago Press，Chicago1982，p. 8.

③ 〔德〕康德：《系科之争》，载于康德：《论教育学》，赵鹏等译，上海：世纪出版集团，2005 年版，第 115 页。

于我们而言，仅能发现一些暗示，一种历史符号。

法国大革命就是这样的一桩事件，它泄露了天机：

这桩事件并不是指什么人类所成就的重大的功绩或罪行，从而使得伟大的东西在人间会变得渺小或者渺小的东西会变得伟大，并且仿佛是由于魔术似的使得古老的、辉煌的国家结构消灭，而其他的国家结构则好像是从大地的深处冒了出来并取而代之。不是的，根本就不是任何这类东西。它仅只是指观察者的思想方式，这种思想方式在这次大变革的演出中公开地暴露出来，并且甚至对演出者的这一方明白表现出一种如此之普遍而由无私的同情来反对演出者的另一方，以致竟冒着这种党派性可能对自己非常不利的危险。然而这样（由于普遍性），它就表明了人类全体的一种特性以及同时（由于无私性）他们至少在秉赋上的一种道德行；那使人不仅可以希望朝着改善前进，而且就他们的能量目前已够充分而言，其本身已经就是一种朝着改善前进了。①

康德没有将“法国大革命”看做一种革命现象。这里无涉革命的暴力、野蛮的战斗，无涉战争的问题，在康德眼里，战争是一切罪恶与道德腐化的根源，战争往往会摧毁一切法定的体制，而且，前已述及，康德的国家学说是根本反对革命的。

如果说，法国大革命是一出大戏，那么在康德看来，其意义在观众那里，在于它所激发出的观众的热情，“在一切观察者（他们自身并不曾卷入这场演出）的心目之中都发现有一种在愿望上近乎是热诚的同情”。这是一次震撼人心的演出，它展示了人性中的一种普遍性的能量和特性，这是唯有大自然和自由在人类身上按内在的权利原则相结合才能许诺的，即使革命失败了，也不会丧失任何一点力量，这是一次世界历史事件，它时刻唤醒人们。

康德说，“这一点是没有一个政治家从迄今为止的事务进程之中弄清楚了

① 〔德〕康德：《系科之争》，载于康德：《论教育学》，赵鹏等译，上海：世纪出版集团，2005 年版，第 117 页。

的”，“他们说，我们必须把人类看成是他们实际的那样子，而不能像对于世界孤陋寡闻的学究们或者好心的幻想家们梦想着他们所应该成为的那样子”。康德甚至提到了“那位对于理论和体系是如此之断然加以否定的可敬的先生”①，据魏迪恩（Paul Wittichen）的研究，康德在这里指的就是埃德蒙·伯克（Edmund Burke），其声名显赫的《法国革命论》在1793年已经出现了德译本，伯克以其一以贯之的语调嘲笑了那些文人政治家：“在他们中间我看到了某些有名望的人、某些才华耀目的人；但是在国家的任何实际经验方面，却找不出一个人来。最优秀的人也只不过是谈理论的人。”②

## 二、历史与天意：以英格兰宪制为例

的确，近代启蒙的理论和行动在法国大革命中达到了亢奋的状态，不论是知识界还是实践行动家几乎充斥着一面倒的赞扬和歌颂之辞，然而，伯克从根本上改变了对法国大革命的评价。知识界对大革命的评价几乎没有从伯克对他们的打击中恢复过来，伯克的反思攫取了正在成长着的越来越多的年轻的心灵，他的风格曲折而且有趣，如闪电，又似毒蛇，他点燃了新的火炬，熄灭了卢梭的火焰。③ 伯克认为，法国大革命与任何那些在欧洲所发生过的纯然建立于政治原则基础上的革命绝少相通或相似之处。它是一场学说和理论教条的革

① 〔德〕康德：“论通常的说法：这在理论上可能是正确的，但在实践上是行不通的。”载于《历史理性批判文集》，何兆武译，北京：商务印书馆，1990年版，第193页。

② 〔英〕伯克：《法国革命论》，何兆武等译，北京：商务印书馆，1998年版，第53页。

③ Russell Kirk，“Burke and the Philosophy of Prescription”，Journal of the History of Ideas，Vol. 14，No. 3.（Jun.，1953），pp. 365. 也可以参考伯克对卢梭的评价：“有其师必有其徒。谁曾渴望伏尔泰和卢梭成为立法者？前者有写美文的天分；没有人能如此和谐地将渎神和诲淫结合在一起。至于后者，我几乎敢肯定他有很严重的智力障碍。但他用大胆的和非常规的目光来观察事物，而且十分雄辩。”

命，它是一场由文人、哲学家、纯粹的玄学家们所发动的革命。①

法国大革命远不是一个绝对的时刻，人们在此获得了终极的洞见。在伯克看来，法国大革命的年代远不是一个启蒙和理性的时代，相反，甚至可以说是最少启蒙的时代，也许是自公民社会初次形成以来最不配立法的时代。实际上，伯克坚决地否认存在着所谓的绝对的时刻，人决不会成为自己命运的明察秋毫的主人。②

伯克也谈天意：

我们的政治体系是被置于与世界秩序、并与一个由各个短暂部分组成的永恒体所注定的生存方式恰好相符合并且相对称的状态；在这里，由于一种巨大智慧的安排，人类的伟大神秘的结合一旦铸成为一个整体，他便永远既无老年，也无中年或青年，而是处于一种不变的永恒状态，经历着永远的衰落、沦亡、新生与进步的不同进程而在前进着。

……

我们发现这些古老的体制，从总体上来说，是有利于道德和纪律的；……我们认为它们是可以接受和改善的，并且首先是可以保存科学和文学的各种遗产，正如天意的秩序所应该一一相继地产生出它们来那样。③

然而，在伯克看来，天意是人的反思所不可猜度的。神的作品是自然的，

① 可以参考托克维尔对法国大革命的评论：法国大革命是一场以宗教革命形式展开的政治革命，见〔法〕托克维尔：《旧制度与大革命》，冯棠译，桂裕芳等校，北京：商务印书馆，1992 年版，第 50—53 页。

② 〔美〕列奥·施特劳斯：《自然权利与历史》，彭刚译，北京：三联出版社，2003 年版，第 323 页。

③ 〔英〕伯克：《法国革命论》，何兆武等译，北京：商务印书馆，1998 年版，第 44—45、133 页。伯克早期的作品，如 *An Extempore Commonplace on The Sermon of Our Saviour on the Mount*，*AVindication of Natural Society* 提到：启示就是神圣秩序可以为我们所知晓的部分，在他的 *A philosophical Enquiry into the Origin of ourIdeas of the Sublime and Beautiful* 中，伯克将想象力和上帝联系在一起。参见：Edmund Burke，*Pre – Revolutionary Writings*，Edited by IanHarris，Cambridge University Press，1993，p. 58.

“自然乃是不假思索而有超乎思索之上的智慧”。英格兰的宪制主要的乃是自然而然的，是得之天功的，宪制的守护者们总是小心翼翼地维护着自然的结果，“凡是从不向后回顾自己祖先的人，也不会向前瞻望子孙后代”。英格兰的人们很懂得世袭的观念，他们选择了一条保守的原则、一条确凿的传递原则，在此基础上才考虑改进的原则。英格兰人以自由的后裔为荣，这是一种习惯性的、天然的尊严，这使他们摆脱了使人丢脸的暴发户式的倨傲，他们的自由是一种高贵的自由，“它带有一种堂皇动人的面貌”。

英格兰的宪制也是历史的产物，然而伯克远远没有主张历史必然会产生这样的结果，这是一种神谕论，是人对神的僭越，是政治的布道主义。在伯克那里，历史的也是偶然的，是人所无法预知的也是无法主导的事件的结果，人的理性无法穿透这一迷雾。

无论是诉诸天意，还是取道于历史，伯克为之精心辩护的都是英格兰政治体的制度和精神，当然并不缺乏对任何政治体都具有的本性的洞察。伯克对英格兰政治体的辩护类似于西塞罗对罗马政治体的辩护，他和西塞罗一起分享了西庇阿的见解，“对于创造了宇宙的最高神来说，人世间最可以接受的莫过于这种叫做国家的有组织的人类社会和人类结合了”。并赞之为古代的伟大真理：指引着一切的参照点。① 英格兰的制度是与世界秩序相和谐的，它们在自然的和政治的世界里，从各种不调和的权力的相互斗争中，得出了宇宙的和谐。英格兰的宪法在各个部分的巨大分歧中保持了一种统一性：有一个世袭的王位；世袭的贵族制；以及一个漫长的祖先系列那里继承特权、公民权和自由权的下院和人民。它们使一切变化都成为一种妥协的课题。

麦考莱在读了伯克的著作以后，称赞其为自弥尔顿以来英格兰最伟大的人物，② 阿克顿说，处于巅峰时期的伯克，也正处于英国最好的时期，他使得“沃尔波尔的辉格党市侩政治变成了一种哲学，由一种阴谋的组合，转变成一

---

① 〔美〕列奥·施特劳斯：《自然权利与历史》，彭刚译，北京：三联出版社，2003年版，第44—45、130—131页。

② John Morley, *Burke*, London Macmillan and Co. and New York, 1888, p. 5.

个有着一般理念的制度”①。贯穿伯克一生政治事业有三件大事：对爱尔兰天主教徒和美洲殖民者的支持；对华伦·哈斯丁斯的弹劾；对法国大革命的批判。在《法国大革命论》问世以后，伯克曾招致其辉格党旧友福克斯的不满，认为他首鼠两端，持不同的标准对待美洲革命与法国大革命。实际上，终其一生，伯克都持一致的政治信念，英格兰的宪制和精神就是他心中的政治“标本”，他在《一个老辉格党人对新辉格党人的呼吁书》中说，英格兰的宪制应该由三部分形成，三个不同但却真正不可或缺的部分形成，保持每一部分在其正确的位置，从而确保权力的分享有着正确的比例。当他为这三个部分分别辩护时，只能依据于与每一部分相适应的原则来辩护，而不能以支持君主的原则来为民主的部分辩护，也不能以民主的原则为君主辩护，同样也不能以这两种原则为贵族来辩护。这几种原则虽然不同，但它们都为一个整体、一个和谐的整体而辩护。②

伯克永远不会让支持宪政体系一支的理论原则走得太远，英国人在实际的生活中，断不会遵循政府或自由的纯理论原则而不惜走到其逻辑的结果，事实上他们远不到那理论原则前就止步了。“这做法不能说是别的，只能说是自然的、合理的。所有的政权，人类的每一利益和福乐，每一种善，每一项明智之举，莫不以妥协为基础，以交易（barter）为基础。”③ 的确，如果我们只着眼于英格兰宪制的每一支的理论原则，也许都可以发现缜密而有逻辑性的排他性的权力规定，然而英格兰足够谨慎，“谨慎是承天之命、来这个卑微的世界做神灵的”。他们绝不会使每一支的权力走向排他性的使用，在极广的范围内，这些排他性的权力都是克制而不用的。“它的潜而不用，既保全了它的存在，而一旦国家有事需要动用它时，它的存在，则又可以挽救我们的宪政体制。

---

① 〔英〕阿克顿：《自由史论》，胡传胜等译，南京：译林出版社，2001 年版，第 131 页。

② Edmund Burke, *Appeal From the New to the Old Whigs*, http://ia300040. us. archive. org/1/items/appealfromnewtoo00burkiala/appealfromnewtoo00burkiala_djvu. txt。录于 2007. 01. 10。

③ 〔英〕埃德蒙·伯克：《论与美洲和解的演讲》，缪哲选译，载于《美洲三书》，北京：商务印书馆，2003 年版，第 140 页。

……在法律形式上保持它的存在，是一种明智的做法，而仅仅在法律形式上维持其存在，则更称得上明智之举。”①

英格兰宪制的自由精神使英格兰走向了世界，逐步经营起一个帝国，帝国的成员或多或少地习传了英格兰的气质。伯克认为，英格兰帝国主要是一个商业帝国，帝国的兴盛依赖的不是条规，而是自由的活力，帝国的成员都是自由的政体，英格兰与各个成员国在政权上维持一种因袭而来的、模模糊糊的非奴役的状态，在这里，抽象的主权理论简直就是毒药，一旦从无限制的、也不可限制的无上主权的本性中，演绎出一套虽巧妙但却为被统治的成员国所厌恶的理论，结果必将是搅浑了、毒化了英格兰的帝国统治的清源，从而导致对英格兰主权的合法性的怀疑，“他们会把你的主权甩在你脸上”。

伯克说：

大不列颠的帝国之权利，与殖民地人在此权利下应享有的特权，是天下最相浃洽的两件事。大不列颠议会是以两种身份，位居于辽阔的帝国之首的。作为本岛的地方立法机构，她仅仅借助于行政权力这一工具，而直接为国内的事务制定政策。她的另一种身份，窃以为高贵于上者，我称之为帝国的身份；在这一身份下，她宛如天上的主神那样，监督着所有次一级的立法机构，指导它们，控制它们，却不吞灭它们。②

帝国也者，是有别于单个的邦国、或王国的；一个帝国，是众多的邦国在一共同首脑之下的集合体，……在这样的政体中，次一级的政区，没有大量的地方特权与豁免权，只有奴役状态之死气沉沉的整齐划一，才能避免这一点。在地方特权与共同的最高权威之间，界限当极端微妙。争端、甚至激烈的争端和严重的敌意，往往不可避免。但是，每一项特权，固然都使它（在这一特权

① 〔英〕埃德蒙·伯克：《致布里斯托城行政司法长官书》，缪哲选译，载于《美洲三书》，北京：商务印书馆，2003 年版，第 192—193 页。

② 〔英〕埃德蒙·伯克：《论课税于美洲的演讲》，缪哲选译，载于《美洲三书》，北京：商务印书馆，2003 年版，第 63 页。

使用的范围里）免受最高权威之运行的约束，但这绝不是对最高权威的否定。……各组成部分之间一旦发生这种不幸的争吵，则最轻率的做法，我看是莫过于帝国的首脑坚持认为：任何违逆她的意愿和行为而申明特权，都是对他整个权威的否定；于是立即宣布这是暴乱，于是击鼓其镗，踊跃用兵，把激怒他的政区驱出于家门。①

英格兰的政治智慧总是敏于行而慎于言的，行动总是先于理论的，英格兰的体制不是任何一种理论抽象中的政体类型，英格兰也不是寻求国家之间抽象的平等与和平的，她以帝国的强者姿态屹立于近代世界。英格兰何其幸运，感谢天赐之神圣的礼物，然而一旦神物降临于俗世，无不引起凡人之冲动的攫取之心。黑格尔说：“英格兰人在特殊的事务中有他自由的感觉，他并不关心‘理智’，恰巧相反，当他的行动或者意向愈是违背了‘理智’——就是说，违背了普遍的决定的时候，他愈觉得他自己自由。”② 日耳曼人对于英格兰那种怪诞的创作力是不相识的。

## 三、历史与精神：锻造法权的肌体

如果说，伯克无限感谢上帝的无私，感叹上帝赐予英格兰美妙的礼物，那么黑格尔则只有愤怒于上帝的偏心了，因为，德意志犹如《圣经》中的约伯，承受着无尽的苦难：战乱频繁、国家分裂、满目疮痍，但上帝并不因此而特别怜悯她。德意志人总是执著于内在的精神世界，他们并非不虔诚，当全世界正在纷纷前往神秘的东方以及遥远的美洲的时候，一位德国的僧侣，正在简陋的塔楼中寻求着上帝的世间生存，这是基督教世界曾经从一个人的石墓中去寻求而没有找到的东西。他发现，世间生存就在内在的确信中，在“精神”和

① 〔英〕埃德蒙·伯克：《论课税于美洲的演讲》，缪哲选译，载于《美洲三书》，北京：商务印书馆，2003 年版，第 107 页。

② 〔德〕黑格尔：《历史哲学》，王造时译，上海书店出版社，1999 年版，第 433 页。

"心"之中。

如果说路德将外在的权力建制消解为内在的信条，那么经过近三百年的精神孕育，黑格尔重新将内在的神灵引向外在的建制。年轻的黑格尔既不满德意志的精神观念，也不满德意志的国家现实。他试图将绝对丰富的日耳曼人的精神彻底地理性化，并浇铸在德意志的政治肌体中。德意志人的智慧将模仿一次神的立法行动。

大致是在1803年左右，黑格尔相继写作了《自然法的科学探讨方式》、《论德意志宪制》、《伦理生活体系》三篇文章。① 在《自然法的科学探讨方式》中黑格尔提出了绝对伦理的概念，所谓绝对伦理就是所有人的伦理，绝对伦理的总体不是别的，而是民族。② 个人是民族整体中的一个成员，整体是基础，个体的伦理精神必须受绝对伦理的统治，如果个人的道德原则被提高作为客观的、绝对的伦理的最高准则，那就意味着极端的专制主义，意味着伦理组织理念的完全崩溃，或者与此相近的情形是，整体也就开始死亡了，这是德意志帝国的真实写照。

《论德意志宪制》和《伦理生活体系》几乎是同时构思和创作的，前者谈论现状，后者构思理论，对于现状，黑格尔洞察入微、足够清醒；他的理论决不浪漫、也决不粉饰现实。年轻的黑格尔出于对德国现状的不满，带着一腔悲愤之情开始构造自己的哲学体系，他的哲学就是为现实服务的，科耶夫对这一点看得极透，他说黑格尔是最具有哲学自我意识的现代哲学家。③

理性就是权力，只有发现了理性的大全，才能够找到国家的真理，只有寻

---

① G. W. f. Hegel, *System of Ethical Life and Rirst Philosophy of Spirit*, Edited and Translated by H. S. Harrisand T. M. Knox, State University of NewYork Press, Albany, 1979. p. 3.《伦理生活体系》这篇文章黑格尔并没有完成，这个标题也不是黑格尔所拟，而是后来的研究者所加。

② 〔德〕黑格尔：《论自然法的科学探讨方式》，程志民译，《哲学译丛》，1997年第3期，第1页。

③ 〔法〕科耶夫：《黑格尔导读》，姜志辉译，译林出版社，2005年版，第193页。也参见，科耶夫：《僭政与智慧》，古热维奇罗兹编：《论僭政——色诺芬〈希耶罗〉义疏》，施特劳斯、科耶夫著，何地译，北京：华夏出版社，2006年版，第173页。

找到真正的智慧，才能够掌握真正的权力，到了黑格尔那里，智慧女神雅典娜同时显现了其全副武装的形象。

在《论德意志宪制》中，黑格尔劈头盖脸第一句话就是：德国已不再是一个国家了。然而，德国并不缺少法权，甚至当下的德国就是用法权制度堆积起来的。当英格兰、法兰西已经形成民族国家的时候，德意志民族还处在中世纪的地方性的封建政治秩序中。国家的各个部分，每一个王侯世家、每一个城市、每一个行会，都争取到了自己的权利。但问题在于个人法权不是从国家整体组织中得到的一份，德国公法的原则不是从统一的国家法概念中产生的。所谓德国国家法真正说来就是一种私法。“立法、司法、教会和军事等权力是用最混乱的方式，把性质极为不同的部分堆集在一起，以此加以划分和连缀，真如私人财产一样五花八门。”①

这些私人权利、法律制度就像一张密密麻麻的蜘蛛网，编织得越来越密、捆绑得越来越紧，直到把德国国家肌体的血肉榨干、衰竭而死。黑格尔说，国家的存在要求一个普遍的中心，各种权力、外交事务、军事力量、与此有关的财政等等都结合于这个中心。然而，在德国，个人为自己争取的权利把普遍物方面的权力给夺走了。所以德国国家大厦的本质不过是法权总汇而已，这些法权使各个部分剥夺了整体，而德国人以极大的心术和极谨小慎微的努力维护的就是这些权利，这就是他们的原则，他们的“法制之灵”。

德国只剩下一些聊以自慰的虚幻之物了：德国已不再是一个国家了。然而德国终究又不得不被当做一个国家来看待，于是德国人就只有求助于概念了。有人说，德国是一个帝国，一个国家肌体，处于一位共同的帝国首脑之下，处于帝国联邦之内。德国人就凭借着这样一些空泛的术语，在数世纪内保持了一种结合的假象。这些空泛的术语能使大家都满意，而终究不过还是各执己见，结果还是分离照旧，和先前没什么两样。对此，黑格尔极为愤怒，他嘲讽说，对于德国这一法权大厦来说，唯一得体的匾额也许就是：Fiatjustitia，pereat-

① 〔德〕黑格尔：《论德意志宪制》，载于《黑格尔政治著作选》，薛华译，北京：商务印书馆，1981年版，第24页。

Gernania!（让法权存在，听德国灭亡!）

命运似乎对德国情有独钟，这种外在的分裂还不是极致，法律这层虚假的装饰似乎还不是最令人厌烦的，因为存在着更严重的分裂缘由：宗教的分裂使民众永世分裂了。这是唯有德国才存在的。

黑格尔说，在德国，宗教不是通过自己内部分裂而使自身和国家分离开来，毋宁说它是把自己内部的分裂带到国家来了。“它对取消国家立下了最大的功劳。这样它就把自己纠缠进所谓法制的东西里去，以致自己就是国法的前提。”宗教的分离导致的四分五裂状态之所以在德国最强烈，是因为德国统一的纽带单一而脆弱：

没有一国像德国这样，国家纽带是如此之松弛。统治的宗教必定要加倍激烈地反对那些离异的人，因为随着宗教被分裂，不仅仅是人们之间最内在的纽带会被撕裂，而是那样一来这条唯一的纽带此时就差不多已撕裂了。与此相反，在其他国家却还有不少联系照样牢固地保持着。①

自由对于德意志民族来说，恰恰是造成不幸的根源。黑格尔说，所有推动人类的力量：政治、宗教、穷困、德行、强力、理性和狡诈，都在它们所能拥有的广阔战场上表现其猛烈的、表面上混乱的作用，各自作为一种绝对自由的独立的力量而行动，这是德国人原始的、不受约束的性格所决定的。随着时间的流逝，伦常宗教的改变，德国实现了彻底的分裂，德国居民已不再是一个民族，而成了一群人；德国人已成了彻底的内在的孤独个体，德国已经成为彻底分裂的碎片，德国人之为德国人，仅仅成为一句口号。这是德意志民族的命运。

德国的现状不得不使黑格尔是一个现实主义者，既有的纽带都已断裂，只有靠人为的力量才能统一，也就是战争的力量：“宗教在其把国家完全分裂开

---

① 〔德〕黑格尔：《论德意志宪制》，载于《黑格尔政治著作选》，薛华译，北京：商务印书馆，1981年版，第63页。

时，同时倒也用一种奇异的形式使人们预先猜到国家可以依据的一些原则。既然宗教的分离从人的最内在本质上把人们分裂开来，但同时又需要保持一种联合，那就不能不在一些外在的事情上如进行战争之类，从外在方面联合起来。”① 黑格尔也许有一种解脱的感觉：德国的分裂终于达到了极致，终于到达了谷底。

然而这统一的力量何在？哪里去寻找日耳曼的战争力量？黑格尔逐一审查那破裂的碎片，因为这是德国的全部财产，必须在日耳曼民族的源头唤醒那沉睡的原始力量将这些碎片重新整合在一起。

意大利和德国有着相似的命运，只不过意大利更早地展示了它的命运，而德国正在完全地展现。对黑格尔而言，关注意大利的意图，不在于寻求和自己的国家同等可怜的同伴，而是因为在意大利那悲惨的不幸境况中曾经诞生了一位可以担当意大利的拯救者这样崇高角色的一个人物：马基雅维利。

当此灾难时刻，一位意大利的政治家对这种普遍不幸、仇恨、混乱和盲目的状况深有感受，通过冷静考虑，他做了必要的计划，打算通过把意大利结合成一个国家来拯救意大利。他用严格的逻辑指明了道路，这条道路无论从拯救意大利来看，还是从时代的堕落与盲目发疯来看，都是必要的。②

马基雅维利曾经被人误解，曾经遭到诽谤和中伤，他的名字曾是邪恶的代表；也曾有人为他辩护，但那些糟糕的辩词把他糟蹋得一塌糊涂。随着对德国现状的感受以及和意大利的命运的对比，马基雅维利的印象在德意志得到了彻底的更新。费希特曾说，马基雅维利抱有的最高愿望是，为意大利的变化无常的国家关系带来一些稳定性和恒久性，马基雅维利的政治学原理也是德国的政

① 〔德〕黑格尔：《论德意志宪制》，载于《黑格尔政治著作选》，薛华译，北京：商务印书馆，1981年版，第66页。

② 同上注，第91页

治学原理，也是所有国家学说的基本原理。①

黑格尔对马基雅维利饱含深情：“我不能形容在那些痛苦忍受外国侵凌的省份将怀着怎样的爱来接待他（意大利的解放者），说不出它们会以何等不可动摇的忠诚、以何等敬畏心和何等感戴的眼泪，怀着何等复仇的热望来接待他。”②

马基雅维利的原则对于处于灾难中的德意志帝国来说，就是一剂良药、也是猛药。黑格尔感叹道，德意志民族本应当形成的国家的观念，竟被一种所谓“自由”的盲目叫喊吵得长久不能听从，以至于德国在七年战争以及普法战争中忍受的整个不幸都无法确认这样一个国家学的真理：自由只有在通过法律把一个民族结合成一个国家时才是可能的。“把意大利提升为一个国家”，这就是马基雅维利确立的根本目标，德国人必须听从马基雅维利的教导。

如果德国不应该有意大利的命运，那么德国必须锻造出自己的国家实体，德国必须重新组织为一个国家，国家政权的力量将国家的各个组成部分焊接在一起。这样的一个事件绝不会是思考的结果，而是强力的结果。“德意志民族的普通民众连同他们这些邦等级代表，必得有一位征服者的强力才会聚为一体，他们必定要被迫把自己看做是属于德国的。”德意志需要这样的伟人：他赋予这个民族一种组织，他还必须有足够的性格，以便承受摧毁人类特性和独特性所遭到的忌恨。

**特殊性、特权和特惠是某种非常贴近个人的东西，以至概念和对必然性的洞见太过于软弱无力，不能对行动本身起作用。概念和洞见带有某种对自身不信赖的东西，以至概念必须通过强力才能得到确认，而后人类才会顺从它。③**

---

① 〔德〕费希特：《论马基雅维利》，梁志学主编：《费希特选集》第五卷，北京：商务印书馆，2006 年版，第 188、203 页。

② 〔德〕黑格尔：《论德意志宪制》，载于《黑格尔政治著作选》，薛华译，北京：商务印书馆，1981 年版，第 92 页。

③ 同上注，第 114 页。

黑格尔的“概念”出场了，这个术语的含义随着黑格尔哲学的发展含义更为丰富，不过这里我们却能窥探到“概念”的秘密：概念源于“绝对伦理”。“绝对伦理”是典型的黑格尔术语，晦涩难解，其实只要明白黑格尔意有所指，即可明白其含义。近代强大的国家都是从君主力量的强大发展而来，但西欧国家发展的特色在于，这些国家并不同于东方的专制国家，或者说，君主的权力本身并不能达到绝对的地位，还存在着其他制衡的力量，这也是西方国家能够走向宪制、法治国家的基础，在政治理论中与之相应的是个人主义的社会契约学说，这是以个人的利益为出发点的。马克思曾有一个说法，德国与世界同步的只是他们的理论，现实总是落在后面，这给德国造成的一个困境是，当德国政治现实要求德国必须成为一个强大的国家时，这时的政治理论却是反对绝对国家权力的。德国人总是面临着一个思想与现实错位的问题。

黑格尔的绝对伦理是针对个体主义的道德而言的，在理论中首先需要证明整体伦理是高于个体主义伦理的，这是为国家统一辩护的第一步。所以，不论是在“自然法的科学探讨方式”，还是在“伦理生活体系”中，黑格尔都煞费苦心地批判个体主义道德，试图将其整合进民族整体中，即所谓“民族精神”中，但黑格尔的这个概念决不是神秘的，① 而是体现在国家法权中，体现在政治制度、宪制体系中。②

笔者大胆地设想，年轻的黑格尔正是出于这样的政治关怀，才以极大的毅力去构造自己的哲学体系，这个体系无所不包：天上地下，从神到人，古今巨

① Eric Weil, *Hegel and the State*, Translated by Mark A. Cohen, The Johns Hopkins University, London, p. 46.

② 参见G. W. f. Hegel, System of Ethical Life and first Philosophy of Spirit, Edited and translated by H. S. Harris and T. M. Knox, State University of New York Press, Albany, 1979. 在这部英文翻译著作中，Harris撰写了一篇很长的解释性文章，这是一篇对黑格尔的这部未完成作品的出色研究，译者详细考察了黑格尔这部作品的创作时间、写作意图，并对黑格尔的术语、整个文本的含义作了细微的解释，尤其是对黑格尔构造的伦理发展阶段、逻辑关系作了清晰的说明。在黑格尔的这部作品中，已经出现了后来的《法哲学原理》的基本构想，法权的上升从家庭到市民社会再到国家的思路已经基本成熟，如果说《法哲学原理》并不是黑格尔严格意义的著作，那么“伦理生活的体系”就是黑格尔的真正意义的法学著作。

变，黑格尔精心地将这一切安置在绝对精神的大全中。这一体系并不容易进入，即使初窥门径，也像走进一座巨大的迷宫一样。这一体系的最惊人之处在于，它第一次将历史理性化了，黑格尔似乎处在一个绝对的时刻，他洞悉了一切。历史曾经被认为不过是一系列偶然而随意的事件，可能是一个白痴诉说的故事，也可能是高深莫测的神意的随心所欲的表现，理性无法勘破玄机，康德第一次试图洞察神的意图，但在他那里，只有关于神的最终意图的一个理性预设，而到了黑格尔这里，神意的面目终于大白于天下了，神意展开在世界历史中，国家、法权就是神在地上的印迹。

黑格尔说，自宗教改革以来，所发生的不过是人类和上帝之间的调解过程，就是神的本质的存在获得它的自由的意识的过程，就是运用和展开这种意识来建造各种世俗的关系的过程。“世俗的东西”从前被认为只是恶，不能为“善”——“善”被认为根本是超世间的。人们现在确信，“国家”内的道德和法律的东西也是神圣的东西，是“上帝”的旨意，就内容上来说，没有什么东西能够比它们更崇高或者更神圣。①

① 〔德〕黑格尔：《历史哲学》，王造时译，上海：上海书店出版社，1999 年版，第 434 页。

# 附录：现代帝国与法哲学论纲

"现代中国"的开启亦是中华历史上最具革命性"变法"之滥觞。此是我国族命运千年之一大变，中华由松散的自在的文化体被强迫性地改造为必然性的、坚硬的民族政治体，进而被纳入一个由生存法则淬炼而来的法律世界。我国族必须从此命运性强迫中走出来，必须对此物化的世界施以精神地提升和纯化，达至民族生命的圆满、自由境界。为此，我国族之现代法政学说必须改造传统以消化此种现代遭遇，必须改造我们的"洪范"、"天叙天秩"，吸纳国家权力本身的法则，寻求超越"天命所授"表象之下权力之无常更替的理性法则。

让我们惊异的是，西方之"法"似乎闪耀着永恒理想的光芒，尤其是自近代以来，西方法超越了政治的动荡、政体的变革、社会的转变，法实现了动态的平衡，社会有序地变化，或者说，一切人事的变迁都在被纳入法律秩序中，不仅秩序井然而且迸发了前所未有的活力和创造性，即使成长为一个民族帝国，法的自然精神也未曾泯灭。但"西方"并不是一个政治主权单元，我们的西方法哲学研究普遍地忽视了法权与国家的具体关联，如果本书的正文属对于西方法权思想之基本趋势的考察，那么这篇简短的附录则试图凸显法权思想的现代民族国家特性。

为此笔者试用从抽象普遍的法律科学入手，追溯其背后的精神和政治支撑，探求成为一门科学的法律精神的现代起源，这种精神是政治肌体、心灵观念的自然产物，反过来，此种精神的成熟纯化并调理了政治肌体和心灵冲动。缘于此，原本普遍的法哲学学科内在的区分逐渐显现，这种区分和国家、民族、观念、理论风格相应，每种风格的法哲学形式对应于一个现代国家精神的普世冲动，对应于这个国家的帝国冲动，这种冲动的背后是某种政治、法律精神的表达，有的含蓄如英格兰，有的深沉如德意志，有的坦荡如美利坚。

想要于一极其简短的篇幅中对西方法哲学作出相应评释，笔者不得不冒求全之毁，尽可能要言不烦、化繁为简、提纲挈领、纲举目张，为此，开篇作出必要的限定虽有挂一漏万之嫌，但实属必要："西方现代世界"在本文中将被定位为19世纪前半叶英帝国确立至二战后让位于另一个世界帝国，即美帝国的兴起。帝国的确立标志着一种法律秩序的突起，帝国的更替标志着法律秩序的演化，帝国遭遇的挑战也是法律秩序所应承受的挑战。倘若试图获得对西方法律秩序的全景了解，我们不但要深入了解帝国的法说了什么——即它们的法学，还要探寻帝国的法做了什么——即它们的法制。因此，就法哲学、法理学、法形而上学作出区分，亦属必要，对此稍作交代如下：首先，法理学乃英格兰法学心智的产物，而法形而上学则是德意志心灵的结晶；其次，法理学本身，尚不能全面涵盖英国法的实质，因为普通法的制度和精神才是英国法的根基，法形而上学，亦无法涵盖德意志法学思考的全部；著者将法哲学定位为：既是对法律科学的反思，也是对法律制度的反思，是对法律理论和法律实践的根本性问题的反思。

约翰·斯图亚特·密尔（1806—1873）说，对法律和制度的哲学思考，如果没有依托于其所属的民族国家性格，将是荒诞不经的。著者拟勾勒三套法律秩序的轮廓：英格兰帝国的法律秩序，挑战这一秩序的德意志帝国法律秩序，以及美帝国确立的新法律秩序。

## 一、法理学：英格兰的样式

法理学（Jurisprudence），作为一门现代学科，是英格兰人的创造，始于边沁（1748—1832），成熟于奥斯汀（1790—1859）。这门学科的创立也意味着英格兰帝国法律秩序的初步确立。但若仅囿于法学家划定的"法理学的范围"，我们将无法真正参透英格兰法律秩序的奥秘，因为一个政治成熟的民族，立言一定审慎而节制，所以，只听其言并不能充分了解现代众多民族国家中这个最具政治智慧的民族；而且，在“法理学”范围里，并没有英格兰法律传统的精神，也即普通法的精神，而普通法绝非被扫入历史角落的古董，它始终生机盎然地流淌于英格兰民族的生活中。

初看起来，法理学的科学特征与普通法的形式龃龉相恶，那么，何以在普通法的传统中能够结出法理学的果实？这看似矛盾的两种法元素终究长期共存，维持英格兰法律秩序不倒，实令纵览历史的人击节称奇，设法去研查推动英格兰法律秩序变革的压力或者动力，同时追寻英格兰的智识之士为应和变革而作出的法律精神创新。

霍布斯（1588—1679）一部晚期著作的标题《一位哲学家与英格兰普通法学者的对话》，堪称英格兰法律秩序的象征。英格兰现代的法律秩序恰恰是哲学家们的政治教义与普通法精神的对话过程，也是政治制度和普通法形式的对话过程。法理学的创立也意味着这一谈判最终达成了妥协。在西方走向现代的过程中，思想的启蒙发挥了极大的作用，哲学教义成为政治变革的信经。启蒙运动不仅仅是思想、文化运动，也是政治运动。这一运动对各个民族国家的政治进程影响不一：法国爆发了大革命，普鲁士的开明专制得到广泛的认同。就思想的政治影响而言，启蒙运动在历史上是空前的，一时间，理念革命激起政治的滔天巨浪，英国当然也受到启蒙运动的影响——其中霍布斯可以说是英格兰思想启蒙、哲学政治化的鼻祖，不过，英格兰一贯的政治审慎却能够把思想的巨浪缓慢柔和地引导和分流在政治和历史的制度沟渠中。

大凡掀起思想革命的哲学家，往往都会以一部法哲学巨著作为收山之作，这大概部分上可以归因于某种哲学野心所致——哲学家期待思想最终能在现实中求得落实、确立并稳定为一套新的法律秩序。霍布斯激进的政治教义要想在英格兰坐实，必不可能对英格兰普通法不闻不问，而一定得有所表态。因此，《一位哲学家与英格兰普通法学者的对话》构成了霍布斯圆满的收山之作，该作品的意图正是要对英格兰的普通法形式作出剧烈变革。霍布斯式的清晰无法容忍普通法的凌乱，而普通法实在是英国历史中点滴积累、绝非系统设计的产物，有格言将之形容为：

The lawlesss cience of our law [我们的法律毫无法纪],
The codeless myriad of precedent [是先例的杂乱堆积],
Tha twilderness of single instances [是个案的荒野疯长].

如此对普通法的种种谩骂激起了一位大法官的强烈不满，这就是柯克大法官（1552—1634）。普通法在这位大法官的眼中呈现为全然不同的景观："普通法无非就是理性而已，它可以被理解为通过长期的研究、深思和经验而实现的理性之技艺性的完美成就，……这种法律理性乃是最高的理性。……就像古老的规则可以公正地证明的：没有人（仅靠他自己）会比普通法更有智慧，因为法律乃是理性之圆满状态。"

或许可以这样来简化霍布斯与柯克的对立：霍布斯以清晰的逻辑建立起政治科学，要求最根本的决断权只能在主权者那里，主权者的命令必须得到清晰的表达和直接的执行；而柯克坚持的则是普通法所具有的超越单个人的智慧，坚信最终的决断权属于经过了长期艰苦钻研和丰富实践历练的法官。这是二人的根本分歧，也是自然权利论和普通法精神的根本分歧。

不过，英格兰历史既没有选择霍布斯的方法，也没有走上柯克的道路。英格兰长期的政治实践将君主的主权慢慢地转移到国会，从一人逐渐转向贵族再到民众，既吸收了霍布斯的自然权利要求，又保留了普通法的精神。在这一关键性的转变中，边沁与布莱克斯通（1723—1780）的理论革新功不可没：边沁勾勒了框定英国政治、法律现实的理论蓝图，而布莱克斯通推动普通法走向现代。

边沁是英国制度的革新之父，是 18 世纪英国历史中最伟大的、最具颠覆性的思想家。边沁的思辨始于法律，并取得了巨大成功，"他发现法律哲学很混乱，就努力将其变为科学。他发现法律实践无比地肮脏，就引入一条河流，冲刷并清扫了堆积如山的垃圾"。边沁的天才应该归功于他的某种独立感和道德感的合一，每个研习英国法的青年或许都会发现英国普通法的弊端和不公，但并不是所有人都能像边沁那样执著于锋利的批判并终生坚守。在边沁的眼中，英国的法律传统犹如混乱而无解的迷宫，必须以清晰明澈的科学精神对之彻底改造。

边沁立志用“立法科学”完成这种改造。“立法科学”这门学科以一条简单的原理为指导，即功利原则：“自然把人类置于两个至上的主人——乐与苦的统治之下，只有它们两个才能够指出我们应该做出什么，以及决定我们将怎样做。”我们或许认为此乃司空见惯的普遍原理，无论边沁明确提出与否，这都是一条一直就发挥着实际效力的根本原则。但是边沁对这条原则的肯认，并非只是为了复述一条普遍原理，他着意关注的是“最大的快乐”，即社会全部的、最大的善。社会只是非理性的利益个体间的不平等联合，其中每一个利益个体都以自己的方式追求着自己认定的快乐、避免着自己认定的痛苦，因此，在社会整体层面上，某一个人的快乐也许正是以另一些人的痛苦为前提，而某一个人的痛苦也许正可以带来更多人的快乐。边沁就是要通过“立法科学”整饬利益纠葛、苦乐分殊的社会，以达到社会整体快乐的最大化，也即，经由理性和法律之手培养出一种幸福的结构（其中苦乐相抵的结果是快乐最大化），这样一种幸福的结构是通过超越于每个社会成员之上的独立的视角来建立的，它与每一个具体的利益个体的苦乐相分离，而着眼于个别苦乐交融后的、社会总体的幸福。在这个追求整体利益的结构之下，总体的幸福有理由要求某个或某些成员极力抵御眼前的利诱，亦有理由要求另一个或另一些成员必须勉力承担当下的苦难。因此，这样一种理性与法律的刚性结构，也就是针对个体私利的绵延不绝的恒久斗争。这就是边沁的“科学立法”的主旨所在。

边沁坚持认为，为了按照他所强调的功利原则推行法律改革，一个主权机关是必需的，而且，改革只能通过立法的方式来进行。边沁的确接过了霍布斯树起并遗留下来的主权大旗，但是他为主权机关附加了一项必要职能：依据功利原则设置法律制度，是以立法机关的面貌呈现出来的主权所必须承担和履行的首要任务。这样，“追求最大幸福”这一边沁式的原则就成了套在利维坦鼻子上的铁钩，这只怪兽因此被驯服，得以为社会福利而耕耘。边沁亦指出，幸福的条件简单而清晰，无非是更好的食物、更好的环境卫生状况，更好的教育，更好的机会平等，而这些条件恰恰是现代社会进步的标志。为 19 世纪英国智识氛围——经济自由主义、知识自由、宗教容忍——所孕育的边沁，也因此而具备了跨时代的影响力。对于个体而言，边沁的教诲为个人在社会中追求自身幸福开辟了合法的路径；对于社会而言，科学的立法便是以民主个人主义的方式使人获得解放。

正如霍布斯始终与普通法精神的守护者柯克相颉颃，边沁亦无法回避他那个时代的柯克——布莱克斯通所提出的挑战。作为边沁时代普通法精神的继承者，布莱克斯通并非一位政治哲学家，而是一位典型的英国律师和法官，一个地地道道的英国人，这意味着他的理智以可靠的实践判断见长而拙于理论、并且内在地倾向于妥协。布莱克斯通以律师和绅士为主要听众，因此，他的意图在于对普通法作出清晰的描述，尽可能消除普通法的神秘莫测，从而让普通法不那么使人望而生畏、触而生厌。布莱克斯通洞穿普通法的精神，他发现普通法先验地与自然公正的情感和理性相符合，普通法的基础无非几条简单而生动的自然公理，纵然初看起来，普通法的形式似乎杂乱无章，但若仔细端详就不难看出，普通法有着“质朴的简洁与气势”，既有“古典的高贵和典范”，又有“现代的严谨和细致”，整体上“精致和均衡”。布莱克斯通断言，在英国，构成“每个人的生活、自由和财产等等至高无上的仲裁者”的，是法律，而不是议会或一般的人民。法律指的正是普通法，是法官予以解释和维系的英国传统法，所以，司法权明确而独立的存在为公众自由提供了至关重要的保护手段，也因此，司法权在某种程度上必须和立法权和行政权相分离。不过，布莱克斯通必须回应那个时代已广为人所接受的一种见解——法律是至上权力者的意志。他将很能代表边沁阵营的这一主张解释为某种习惯的产物：法律体现主权者的意志，这种认识无非是存于习惯或从习惯中抽象而来的，用英格兰庄严的法律语言来解说，这不过是“在人们记忆能力所及的时间内历来如此，向无反例”，大英帝国的诸多权威原则都是在久无可考的年代和习惯中逐渐确立的，而与独断的、超越的、确定的意志无关。

人们应该赞叹甚至羡慕英格兰的绝佳机运，在这片土地上，但凡有激进者鼓噪、诱使国家步入未知的危险地带，总会有相应的保守者震响警钟、力挽情势，由此确保英格兰始终都能够在张力的平衡中稳健前行。纵览历史的人们不免设问，在各个国族的政治路途中，或许走得最慢才走得最稳？布莱克斯通为英格兰“近代的改进”套上了保守的外衣，借由保存和使用旧事物来引入和发展新事物。尽管布莱克斯通与边沁针锋相对，但二者的主张，在实质上其实达成了某种默契和平衡：边沁并非雅各宾主义者，并非激进的法兰西革命的信徒，但他反映了那个时代英格兰改革的呼声；布莱克斯通小心翼翼地改造普通法，更为重要的是他以普通法的独特方式融合了新的时代精神。在边沁和布莱克斯通共同厘定的法政视野里，立法者与法官的关系乃相生共存，而非水火不容。后者是一种理论上的极端态度，要在立法与司法之间就某一方的绝对至上性作出彻底而明确的清算，但英格兰的心智从不会钻进理论的牛角尖无法自拔，它善于在实践中寻求妥协与平衡，善于通过闪躲腾挪来游刃有余地应付现实中的胶着与矛盾。因此，英格兰的宪政，不是铭写在典章之中，而是缓慢而不易察觉地融于英格兰政治运作的内在机理，智慧、权力和利益在英格兰的宪政中实现了美妙的平衡。这种平衡和稳定正是一种最具现实性的法律秩序的基础，因为能够真正发挥现实影响力的法律秩序乃是“法律应该是什么”与“法律实际是什么”结合而成的稳固结构，是法律价值和法律现实的彼此趋近。边沁让人们理解了，应然与实然之间没有本质的分歧。应然的要求可以通过法律而一般化，而一般化又是基于人的普通且实在的行为动机而进行的，所以，应该做什么与实际做什么并不存在严重对立，理想的就是现实的。而应然的理想又可以通过启蒙、教育，以及法律的强制而达至同一，因此，价值的冲突也是不存在的。这样，政治的博弈在现代就落实为理性化的法律秩序，这也正是近代启蒙者的初衷，不过，唯有英格兰最先且以最小的历史代价实现了这一目标，现代“法理学”（Jurisprudence）也正是在英格兰的这种法律秩序之上应运而生的。

一旦边沁确立了法律应该是什么，那么，作为实际发生作用的现实秩序，法律就获得了一种客观的、独立的存在，在至上权威和国家的支撑下，法律成为“天下之公器”、“万事之仪表”。根据对法律的态度不同，边沁把对法律问题发表见解的人划分为两类：一类是解释者，另一类是评论者。解释者的任务在于揭示法律的现实存在，他们的工作是“了解、记忆和判断”，知悉某一个特别国家的具体法律特征，从而说明立法者已经做了什么；解释者的作用既是历史性的、也是论证性的，历史性的作用在于某一个国家呈现以往存在过的法律状况，论证性的作用则是阐述现在正在运行着的法律状况。评论者的任务则正是边沁所致力于完成的所谓“探讨法律应当是什么”。对法律问题的研究者所做的解释者与评论者的区分，恰恰标志着后来的法理学与立法学的分野，而边沁的后继者奥斯汀继承和耕耘的正是法理学——这一由边沁划定但并未深入建构的学科。

1832 年，伟大的改革者边沁去世了，也正是在这一年，奥斯汀出版了《论法理学范围之确定》，并且首次开设了法学教育史乃至法学史上从未有过的一门课程：“法理学”。如果没有边沁的开拓，那么奥斯汀的工作就不可能开始，但是边沁的功绩并不减损奥斯汀的意义。边沁时代，需要的是批判用的攻城槌，而不是建设用的小镘刀，边沁洞穿了无数迷信，将粗野的压制暴露无遗。那些陈腐而蛊惑的骗人把戏，那些朽弊而虚妄的制度古董，堆积在一起攫取了法律科学的头衔。边沁摧毁了这非理性的城堡，竭力奠定一个坚实明晰的基础，并由此而重建法律的科学大厦，这是一个宏伟的计划。边沁在有生之年为法律科学夯实了地基，奥斯汀则接过了建设新大厦的任务。边沁致力的是立法学，奥斯汀继续的是法理学；前者关注法律的终极目的，后者关注法律的工具性特征；前者是内容，后者是形式。二者结合才是完备的法律学说。

擅长解开智识中的纽结、将混杂的理念条分缕析、框定概念和术语的精确含义、搭建清晰干练的逻辑结构，这既是奥斯汀对自己的评价，也是完成边沁事业的必备素质。的确，边沁的事业需要捡起历史中遗留下来的思想材料，对之加以修剪和缝补，从而表达出新的时代意义。奥斯汀的法理学意图明确：澄清法律的一般性质。他针对的不是哪一国、哪一民族，或者哪一时代、哪段历史中的法，而是一般意义上的法，是普遍的法。

奥斯汀认为，每一条法律或者规则都是一个命令。具体而言，首先，命令包含了一种期望和一种邪恶。“如果你表达或宣布一个希望，即希望我去做或不去做某个行为，而且，如果你在我不顺从你的希望的情况下以一种邪恶加于我身，那么你的希望的表达或宣布就是一个命令。”其次，命令包含了责任、制裁和义务。命令与责任相关，换言之，责任存在之处，就有一种命令；反过来说，存在命令的地方，就一定会产生一种责任。在命令被违反、责任被违背的情况下可能引起的邪恶，经常被称之为制裁。基于恶并实施命令和责任的、因不服从命令而发生的恶，经常被称之为惩罚。因此，命令可表达为：（1）一个理性的人怀有的希望或愿望，而另一个理性的人应该由此去做某些事或被禁止去做某些事；（2）如果后者不顺从前者的希望，前者将会对后者实施一种恶；（3）该希望通过语言或其他标记表达或宣告出来。“命令”是奥斯汀的法律定义的核心含义，随之而来的另一个重要的法律要素是：主权，即政治的优势者对劣势者的关系。基于主权、由主权者的命令而产生的责任，以及对不服从命令者施加的惩罚即法律制裁，后来的研究者将奥斯汀关于法的定义称为“法律命令说”。

在现代而诞生的“法理学”必然是对法的含义的现代思考，是对现代政治、法律思潮的回应，这种性质在奥斯汀法律定义中对“主权”的重视中可见一斑。奥斯汀的法律命令说的确立，或者说法理学这一学科的确立，意味着“主权”这一现代秩序不仅获得了时代的认可，而且也获得了理论的证成。“主权”成为法律科学的要素，既反映了一种普遍性，也反映了法理学所由诞生的那个民族的政治生态。在英国的政制演进中，法官从来都没有坐上至上者的位置，换句话说，法官从来没有取得后来在新大陆所具有的那种至高无上的地位，主权一直存在于立法机构中，但这并没有影响到法官的“独立判断”、“自由心证”，而且司法实践系统还保留了传统的普通法运作机制，也正因为此，普遍性的法理学是由“主权”这一前提衍生出来的，而不是对司法实践的抽象表达，这一学科的分析性和严密性清晰地再现了英格兰政治秩序的稳定以及法律价值的统一。职是之故，只要英格兰的政治秩序不发生大的变革，这一学科就不会出现根本的变化，这也可以解释何以英格兰的法律理论在19世纪以降——甚至一直到20世纪中期——都从未超越过奥斯汀的法理学，有意思的更在于，这在某种程度上也解释了那些耽于司法实践的英格兰法官和律师们何以会对这一学科始终保持着一种可有可无的、甚而不予干涉和理会的冷漠态度。

奥斯汀的法理学大厦也是英格兰帝国大厦的理论代表。奥斯汀关于法理学的论断有着无可置疑的确定性，也因此而有着无可比拟的重要性。犹如亚当·斯密在经济学中赋予"租金"、"利润"、"税收"这些术语以确定性从而奠定了古典政治经济学的界碑，奥斯汀的努力无异于坚定地扎下了"英式"法学理论的脚手架，此后法律学说所有的改进无一不是建立在奥斯汀所开辟的园地之上。后世的英国法学家之所以对奥斯汀的评价极高，并非由于一种英雄式的膜拜，而是出自一种批判性的尊敬，这种敬意主要来源于对一种清澈的分析力的偏好和欢迎，英格兰的法律事务浸染着无数纠结而含混的传统，习惯和先例裹挟下的正义之途，纷繁芜杂，荆棘丛生，难以进入，正是奥斯汀，在历史的迷乱中踏出了一条清晰的分析路径，正是奥斯汀亮出的这一束朗耀的光芒为后来者指明了前进的方向。

## 二、法形而上学：德意志的样式

英格兰于19世纪已然形成了一种新的帝国秩序，而德意志却到19世纪初期还依旧背负着一副沉重的旧帝国的空壳，步履蹒跚，尾大难掉，行事颟顸，积重难返，相比欧洲其他民族澎湃高涨的国家进程，德意志在进入19世纪之时堪称是"国将不国"。神圣罗马帝国的幽灵犹如跗骨之蛆，吸噬着德意志民族不断积聚起来的民族生气，当欧洲众多民族都走向现代国家秩序之际，德意志却愈来愈分化，国家权力被封建贵族的古老法权撕扯分裂化为碎片，青年黑格尔曾嘲讽说，对于德意志这一法权大厦来说，唯一得体的匾额也许就是：让法权存在，听德国灭亡！这徒有其表的帝国躯体直到1806年才在拿破仑大军的铁蹄之下轰然倒地。一位德意志的诗人席勒（1759—1805）曾问道："德国？它在哪里？我找不到这样一个国家。"

现代德意志民族的独特之处首先不在于政治，而在于学问，"政治走向终结之时，恰是学问开始之初"。德意志帝国和德意志民族是两回事，由于同政治事务相分离，德意志民族形成了一种自足的特殊价值。即便最高权力衰亡，德意志的尊严依旧留存。“这是一种道义上的伟大，它存在于文化和民族特征之中，这些都是独立于政治命运而存在的……因此，当政治帝国步履蹒跚时，精神帝国则打下了更为坚实、完美的基石。”当英格兰人贪婪地期盼常识、法兰西人贪婪地期盼荣耀之时，德意志人则在张望着更高的目标：“与世界精神之间的交往。”

可以粗略而宽泛地将1770年至1830年认定为德意志精神最恢弘、最具创造力的时期，前者是狂飙突进开始的年份，后者则是黑格尔、歌德相继去世的年份。这期间是德意志精神的创造力以磅礴之势猛烈喷发之际，天才辈出，众星云集，刻写“德意志”名号的狂飙突进运动、浪漫主义、古典哲学、历史主义均于这一时期孕育绽放，这种精神的高度与广度、智识的光辉与成就，或许唯有公元前5世纪古希腊的黄金时代堪与之比肩。德意志民族的统一性和独特性第一次凸显，但是在理性王国，德意志精神领域的光芒远远超越了观念本身的范围，它还获得了一种超越文化的意义，一种试图替代政治、国家统一性的意义，这是可以与英、法的政治民族统一性相提并论的德国自我认同。德意志的思想家、文学家、艺术家、学者们希望在他们创造的作品中展现自己民族存在的观念，其他欧洲国家已通过民族进化和传统继承的途径，获得了这种意识。所以德意志的观念常常成为德意志的理想，只有在思想中，德意志的混合特性才被安排在一个体系化的统一体中，才存在德意志的同一性。他们的存在本身在某种意义上依赖于他们所想的东西，这就是德意志人如此强烈地醉心于哲学问题、思维工具、学科方法的原因。

德意志的现代哲人都是伟大的综合者，或许正是因为失去了政治的民族性，才能够在理论中抽象地思考一切问题，他们的理想是世界主义，哲人都是生活在理想王国中的世界公民。同样的，这些哲人的晚期作品都是将一个理想世界落实为法律秩序，但是，我们也可发现一些显得更加德意志性的特征，在这个时候的哲学思考中，政治学是缺失的，或者说，他们以法律的方式来思考政治的内容，康德的晚期作品的主题是法的形而上学原理，黑格尔将最后一部作品命名为《法哲学原理》，一个更接近政治学的名称是国家学。也许一直要等到俾斯麦的权力政治在德国取得成功之后才会兴起政治学，但德国人以法律的方式思考政治却也由来已久，并且也不曾有多少改变。

政治在德国哲学中乃是人类自由的领域，政治形式和必要性的问题是与基本的人类自我实现问题相关的，它把理想的国家解释成为人格的扩大，对理想国家的探索通常都会导致对自由的人的本质的探索，政治秩序的概念是与哲学人文主义的本质问题联系在一起的，国家最终都要促进理想的人类自由和人类属性能够得到完全的实现。法律必须以人类原初的政治特征作为基础，只有塑造与反映了政治秩序的法律才具有合法性，合法国家通常被认为是以法的形式表现了理想的人类特征，由合法的实证性所形成的法治国是对合法的人的直接扩展。

合法性（legitimacy）是德意志人对政治的法律式思考最集中的表现。它将政治理解为关于真实的人类自由与责任的独特领域，政治是独特而且真实的人类世界中最初且明显的事实，政治行动应当确保他们的政治自由不能受到形而上学地设置的规则的损害或者威胁，法律的真实角色应该是给予人类本质认同的自由与责任以理性认可。简而言之，这乃是人类基本的自我立法与自我创造的问题。这本质上是一种形而上学的思考，也是反形而上学的思考，因为后来的批判者总是将前人的解释斥之为一种对政治的法律形而上学规则的演绎，但他所提出的规则也避免不了相同的命运，它探讨的乃是人类生存的基本状态。所以，法律形而上学的历史乃是德国人理想中的人类自由观念的历史，它一直处于剧烈的变动之中，而德意志人又是如此执著和献身于他们的理想，这注定了德意志思想内在分裂的命运。

每一法律形而上学的危机与革新之际，恰是德意志政治历史的剧变时刻，这些思想家们身处变革的漩涡，他们发现不得不站在与既存的哲学传统相对立的地位，大革命中的法兰西给德意志带来了巨大的冲击，既是一种现代启蒙思想的冲击，也是现代权力国家的冲击，德意志人发现自己处在一种两难处境，为求得德意志内部的革新，必须反对他们自己的传统，但为了抵制英、法的冲击，必须寻求德意志的同一性，而这只能在传统中寻求资源，他们发现自己同时面临着反对传统和现代的困境，德意志人必须寻求新的途径，所以现代伊始，他们对政治的法律式思考就倾向于反对有关国家人格的自然法观念与私法观念，尤其拒绝英格兰式的个人主义观念，私人利益尤其是私法凭借其自身并不能为政治秩序提供合法性基础，恰恰相反，国家乃是私人自由的结构性前提。

康德的法形而上学最大的成就在于彻底批判了现代启蒙自然法，任何能够作为一项不证自明的自然法的原则都是建立在不可靠的基础上的，从此所有实质性的伦理内容都在理性面前失去了合法性。同时，康德遗留下一种形式主义的思想财产，这对德意志的思想影响深远，即法则的普遍性是法则存在的唯一真正理性依据，法秩序乃是实现最大自由、并使得法律成员的自由得以并存的形式规则，因为真正的自由乃是独立人格意志的自律。康德法形而上学中的形式伦理从此取代了实质伦理，这一转变彻底封死了传统的路径，同时开启了通向无数种未来可能性的大门。

康德的法形而上学的影响走进了法律领域，然而法学并非哲学的婢女。在德意志，对现代法学根本问题的思考中，我们还发现普遍存在所谓法律教义学、法学方法论，如果我们囿于法形而上学，那么我们也许只关注着“纯哲学家谈法律”，也无法把握德意志法学思考的全部理论内容，就像我们仅关注“法理学”，就无法把握英国法秩序的实践含义一样。著者认为对于德意志的法哲学思考，必须超越法形而上学。

德国的法学绝非简单地将哲学家们的哲学原则挪至法律领域，法学家以自己的方式在追寻同样的哲学问题，法形而上学毋宁说是法学家和哲学家之间共同的问题，法学家有着自己的作品，正如哲人为德意志民族精神贡献的是他们的思想，法学家贡献的是他们精心编纂的法律体系，正如罗马法学家的解释具有法律效力一样，德意志的法学家们的解释也具备同样的效力，而且在德意志他们还具有代替政治的含义。法学家试图有意识地承担立法的功能，法学家试图发掘德意志民族自身真实的法则，而德意志的观念中，民族的也恰是全人类的。换句话说，德意志的法学家和哲学家以不同的方式关注人类自由与自我立法。

萨维尼（1779—1861）如果不是现代德意志最著名的法学家，那也是其中之一。研究者们一般将其称为历史法学派的集大成者，但在这标签下面，萨维尼的形象极其复杂，并且看起来相互无法协调，在他身上，人们可以发现年轻的赫尔德和康德、古典文学家和浪漫派的影子。问题在于人们将萨维尼解释为1770—1830年代德意志精神运动的副产品，我们必须从其自身出发，把他理解成一个在那场德国精神的普遍运动中独立且具有吸引力的中心。

萨维尼以其早熟的智力和贵族出身不啻是降落在法学领域中的巨星，其精神和美学的天赋使其成为法学的古典主义者，学术界的王侯。1803年，萨维尼即取得马尔堡大学的教授席位，在此期间，构思了主导其一生的研究方法和纲领，这只是一些授课笔记，在其生前从未发表，但终其一生，萨维尼硕果累累的研究都只是严格践行自己年轻时期提出的纲领而已，也正是从这些方法论的讲义中，我们才可真正窥探到萨维尼的作品的统一性，他提出的乃是对现行法的真正“哲学的”学术考察。他认为应该给予法律素材一种精神——逻辑的形式，必须发现法律规范的内在关联，以代替纯粹的“素材堆积”。此所谓法学必须是哲学性的，这是这个时代的全新要求。的确，在德意志的语言中，首次提出“法学”（Rechtswissenschaft）的学者乃是来自历史法学派。

不过，这一哲学性的要求，仅仅是法学的精神形式，是对法学素材的处理，还有一个关键的问题乃是，素材从何而来？这是法学的现实性问题。正是在这里，才出现了后来一般称之为“民族精神”的东西，素材必须在民族的历史中去寻找。但这一概念只是很晚才由萨维尼所借用，也不足以概括历史法学派的实质，其真正的作用乃是服务于萨维尼方法论中对法学素材的处理，即所谓“历史语文学”的处理。历史法学派并非将法理解为历史，毋宁说，法学才是“历史性的”，指出法学素材的历史先决性，只是法学更新计划的一部分，和“哲学”处理一道，共同服务于法学有机的整体性。

历史法学派绝不是法律史研究，我们透过萨维尼的巨著《中世纪罗马法的历史》可窥一斑，此大作的意图是借由古代罗马法对欧洲之影响的历史，证明古代罗马法和现行法间精神上的联结，并且促成现行的法律素材之历史性研究与诠释。书中对历史乃至法律史的重大事件略过不提，相比较而言，却对大量的历史手稿、文献以及著作者的热情倾注心力，尤其对欧洲大学、其课程以及影响力做了浓墨重彩的描述。法学素材的历史性集中在法学教育，集中在欧洲和德国的民法大全的学术传统，历史法学派看到的法都是法学家的法，法乃是一个民族的心智的自然产物，这才是所谓“民族精神”的真正含义，法律生活乃是民族生活的一部分，其悄然如语言般地从民族中显示出来，此处的民族绝非“成熟的公民团体”或者“生气勃勃的政治现实”，而是一种文化概念：经由共同的文化教育而结合的精神与文化社群。萨维尼的热情和纲领同属那一时期伟大的德意志精神运动：德意志民族乃是教育的民族，所以才是人类的民族。他与蒂堡（1772—1840）的论战乃是文化意图的政治宣言。

剩下的问题是，如何能够将流传下来的法律素材毫无矛盾地纳入到一个体系中。萨维尼用来为法律秩序建构广泛意义关联的方法工具是“制度”，或者说是“法律关系”，这不是一种规范秩序，毋宁是制度秩序，一种特定的文化事实，法律秩序形式上的统一不是通过法条，而是借由“有机的法律关系”而形成。这种法律关系的构造乃是萨维尼对现代法学的重大贡献，实质上是德国的哲学家对现代政治生活深刻反思和批判的反映，法“本身并无实存”，它是“人的生活”本身，是人格自律性伦理的独立存在，主观权利是自由的空间，且与他人的自由能够同时并存，法律行为与意志的表达是自律性人格的行动空间。法律关系并不是社会现象真实的状态和秩序，而是精心构造的文化产品，就像一层网状的联结物包裹在芸芸大众的身上。这是萨维尼所更新的当代法学，也是历史法学派的真正鹄的，历史法学真正说来是法学实证主义，是新的法律教义学。这一点在萨维尼的继承者普赫塔（1798—1846）那里达到了登峰造极的地步，通过概念的媒介，即使最具体的条文都可以从公理体系的最高点推导出来，最终形成的是一个概念的金字塔，即所谓“潘德克顿法学”。

这样高大、巍峨耸立的一个精神建筑物是德意志思想的产物，也是德意志的文化民族性的表达，究其实质，为的是找到一种政治民族性的替代物，德意志一直在民族性和普世主义的两级中纠缠，因为从一开始他们诉诸民族性就否定了德意志仅仅成为自由主义联盟世界中普通的一员，他们的民族性乃是一种独特的普世主义，是一种个体表现普世主义的典范世界主义，犹如古希腊民族是某种普世主义的代表一样，古希腊民族不是一个政治的统一体，但无损于他们民族声名的远播，也许正是因为他们的政治分裂才造就了精神世界的万花筒式灿烂绽放。德意志狂热的民族情感以一种最冷静的方式得到了表达，这里不是一种普通而又平和的伦理情感，不是静静地流淌在民族生命中的小溪，而是从整个民族心理的深处经过长期压抑喷泻而出的情感爆发，不过，截至目前，一种世界主义的理想还控制着这股情绪，但在19世纪中期以后，尤其是俾斯麦的权力政治取得极大成功以后，这股情绪慢慢变得狂野起来，激荡声不时响起，犹如水火相淬，像是火山喷发前的隆隆震动。国家生命的入口突然被打开，强大的民族情感潮流都注入了政治之中。

德意志的政治现实又发生了突然的剧变，法学、法律似乎应该谨遵保守性的老成和自傲，不该轻易放下威严身姿，加入轻佻的随波逐流。不过，我们依然可以在德意志新的统一体中察觉一种明显的趋势：法学实证主义逐渐为法律实证主义所替代。前者是法学家从法学的体系、概念中推论出法条及其适用，既存的法律秩序始终是一个由制度和法条组成的封闭体系，其独立于生活关系的社会现实之外；后者认为，所有的法都是由国家立法者所创造，只是主权者的命令。二者都认为，外在的宗教、伦理、社会目的都不具有创造或者改变法律的力量。不过我们发现历史法学派的法学实证主义虽然是保守的，但却下意识地认同了自由主义时代的一些政治和经济要求，萨维尼对主观权利、私法自治、法律行为以及法律行为中的意思表示的规定，符合康德对自由的要求，服务于人格之自律性的伦理要求。

从学术到立法的过渡，普遍地被人们歌颂为民族和国家政治上的进步。德意志在政治统一之后，重复了拿破仑法国在1804—1810年间颁布法典的政治行为，法典化既意味着社会的统一，也意味着法学创造阶段的末了，不论是历史中的优帝法典，还是萨克森明镜，无不发生在学术盛期结束之际，无不是终结一个法学阶段的遗书。不过，从长远来看，法学实证主义并没有搭建好坚固的屏障，用以对抗伦理上没有责任感的立法者的权力，甚至表现的缺乏防卫能力。他们只能期待立法机关代表的“共同意志”始终是正当的意志，合法的也应该是正当的，如果他们的期待落空，那么所谓遗传下来的历史性的法律文化也将被冲刷或者淹没。在英格兰的法律实证主义那里，我们发现存在足够的古老传统、习惯和伦理训条，同时英格兰民族自有的政治审慎和普通法传统都对现代权力的野兽备好了足够的铁链，而德意志的法学实证主义在某种意义上冲击了无意识的古伦理和宗教观念，无形中破坏了抵挡权力洪流的既有铁栅。

一旦实证法和德意志法学家们的理想不再一致，法律实证主义有可能异化成为欠缺责任感与权力实证主义，或者说，实证法丧失了法律的正当性。尤其是当现代政治体制无法整合政治利益和意志时，在国家的“共同意志”被有力团体、大政党的利益所控制时，法律蜕化为自私团体的利益时，法律实证主义的伦理前提就彻底崩解了。此时，人们竞相撕开历史法学派们精心编织的那美妙的法律之网，把残酷的现实曝光于天下。所有对历史法学派和法学实证主义的反对，都可以归结为这一个共同的意图：反对法学弃绝现实。从利益法学到自由法学派运动，甚至马克思的批判都是如此。社会伦理的声音奄奄一息，新康德主义的辩护声音微弱至可以忽略，法律彻底沦为达到社会目的之工具，此目的纯为一种机械式或者生物式社会的意志表达，此种趋势人们名之为法学自然主义，即伦理价值的自然化或者虚无主义在法律中的肆意横行。

也许在20世纪由德意志第三帝国造成的大灾难中，最令人震惊、也最应该引人深思的乃是“法律”逻辑一贯地用以服务“民族”社会、进步或任何其他偶像的“利益”。战争结束，德国人从“猛兽世界之无罪责状态”中幡然悔悟，纽伦堡审判不断提醒战后的德国法学家和民众在民族的心灵深处祭奠一座正义的圣像。

## 三、法律实用主义：美利坚的样式

纽伦堡审判是史无前例的，它不是在政治主权之中的审判，而是主权之间的，但这似乎违背了审判的本质，违背了美利坚先辈们的自然正义原则，与其说是一种法律行为，不如说是法律包装的政治行为。每一种法权形式绝不只是某种政治意识形态，绝不是只具备消极的含义，相反，它是每一个政治体的自我组织和管理所不可缺少的，是人们对自我与群体、人群与自然之间关系的表达，政治观念和法律形式是政治秩序本身所不可缺少的组成部分。就法的本质而言，它是和一个政治体不可分割的，是政治体的超个人力量的表现，国际法只是国内法的某种延伸，就国家之间的关系而言，作为对等的二者，永远无法成立一种审判的关系，在这里，没有哪一方可以宣称具有审判者的权力，其实质只能是赤裸裸的利益关系，发挥作用的是政治力量的规则，是一个政治体处理外部世界的独特方式，如英格兰帝国的均衡政策，保持某种冷漠而中立的绅士姿态；又如德意志帝国的划分种族等级的秩序，日耳曼人的优越感丝毫不加掩饰。

但美利坚选择了一种似乎看来虚伪的方式，一种自命为正义女神的方式，但我们无法简单地将纽伦堡审判贬斥为某种狡诈的政治手段或者外交伎俩，如果这样，那么我们将会低估法律、权利、正义的意义，也会低估真正支撑这种法律形式的精神，不只是直接的美利坚的，也许还是整个西方文明的。它的背后或者说它本身是某种宗教的情感，是普世性教条，是上帝的意志。它所传播的和几百年前美利坚的开创者们横渡大西洋时心中所系的信念本质是相通的。

纽伦堡审判代表了美国走向世界的方式，也是美国人改造世界的方式，这种彻底地介入世界的方式本质上和美利坚建国时期的孤立方式是一致的。美利坚从一开始就被赋予了某种宗教的意义，这里是新世界，是一片净土，是和堕落、肮脏的旧世界迥然相异的，那一批批怀有崇高信念的传教者试图在尘世寻找到心中的天国，从美利坚的开拓时期一直到建国时期甚至在此之后很长时间，这新世界都坚决地反对参与旧世界那永无休止的钩心斗角中。不过美利坚走向世界，同样也是源于这种宗教信念，他们强烈地要按美国的方式塑造世界，就像虔诚的教徒狂热地传播教义一样。

我们需要探究美利坚精神的表达方式，这是一种法的方式。一位著名的犹太学者指出：献身于这个信念的民族，无疑部分正是因为献身于这一信念，现在已经变成了世界民族之林中最为强大繁荣的民族：“我们认为这些真理是不言而喻的：人人生而平等，他们都从他们的造物主那里被赋予了某些不可转让的权力，其中包括生命权、自由权和追求幸福的权利。”人人生而平等这一命题意味着一种既是自然的又是神圣的权利，美国人所谓的“新世界秩序”不过是将这一命题落实为一种制度，独立革命昭示了这样的政治组织原理：所有名副其实的政治权威的根源都是每一个体由其造物主所赋予的神圣权利，而除了由被治者让渡给他们的那些权力之外，政府没有任何正当权力。

人人平等的信条真正意味着亚里士多德式的判断，人介于神与兽之间。历史上的政治统治都曾经是一部分人统治另一部分人，仿佛前者是神而后者是兽，独立宣言宣告所有这样的企图都是错误的。兽类的非理性使它们注定要受人类正当的支配，而人类本性中的一些内在局限性说明，授予任何人或人群以某种类似上帝的权威，也是与上帝的创造不一致的。因为人与上帝的差异，“任何人都不能做自己案件的法官”。在人世间能够找到的最接近于神圣统治，最接近于“不受欲望影响的理性”的东西，就是法治，也就是轮流统治和被统治。这一点对于人与人的关系而言是自然的、合宜的。

人人平等的政治组织方式就其内在的精神而言，同时是人民主权和法律之治。民众统治往往摧毁掉这种统治本身，人民主权也可能建立起一种暴政，人民权利的诉求可能成为军事专政或保证的托词，克服这一点，恰恰需要法治。人民主权和法治在某些方面是冲突的，但美利坚人的政治信念中这二者占有同样的分量。“我们要争取的并不是经选举产生的专制政体”，这一理念浓缩了美国立国的精神。

虽然在人存在的地方，人的权利就存在，但一个受到充分启蒙，并有勇气和手段按照权利去行动的民族的存在，却可能极其罕见。美利坚人具备了某种摆脱历史包袱的独一无二性，托克维尔说：“一个伟大的民族在立法者通知他们政府的车轮已经停止运转后，仍能稳稳当当、不慌不忙进行自省，深入检查故障的原因，足足用两年时间去寻找医治办法，而在找到医治办法时又能不流一滴泪、不流一滴血地自愿服从它，倒使人觉得这是社会历史上的一件新事。”在欧洲，人们孜孜以求的某种理想在美利坚这片新世界中轻松成为一种现实。历史开了个玩笑，它没有破坏人们的美梦，相反，却带有几分讽刺性的精确性将这个梦想付诸现实。

“生而平等”能够在新世界中扎下根来，真正的理由不在于美利坚拥有什么，而只是其付之阙如的东西，那就是她不曾经历一种封建社会，缺乏极具历史惰性的保守性力量，也因此而缺乏某种与之针锋相对的极端传统，她没有詹姆斯一世，也没有雅各宾主义，用桑塔亚纳的话来说，美国存在这一种自然的自由主义。正是因为既缺少一种真正的革命传统，也缺少一种真正的保守传统，美国的自由主义保持了惊人的一致性，而美利坚人对之持有绝对论的态度，因为这种一致性经常表现为情感的，而非理智的。这种政治同质性塑造了所谓“美国主义”或者“美国道路”，这种自由主义的强制力之大，会对自由本身构成一种威胁，美国政治社会不受阶级意识或者阶级对抗的束缚，不接受任何外来的主义。它表现为某种自我独特的极端标示，它表达的自由主义的救世主心态，呈现为两极对立的形态，美利坚脱离旧世界是自豪的遗产，而非自豪的成就，它表现出对旧世界的诅咒式控诉，而非感激的答谢辞。它使美国的使命感包含的不是一种基督的普世观，而是希伯来式的分离感；然而，只要是一种绝对的民族道德观，它就会具有排除外来的东西的动力，也有改变他们的动力，他不可能一直对之视而不见，漠然处之，美利坚受内在因素的驱使要努力按照“美国主义”重新塑造外来因素。“美国主义不退向孤立，就要走向海外。”

与这种美国主义的一致性相比，人民主权和法律之治或者说平等与自由的冲突实际上是一个统一体之内的冲突，是伙伴之间的分歧。换句话说，这种冲突似乎一直是抽象的，从不发展成为现实的分裂，不曾分化为阶层以及阶级，也不会走向生死斗争。美国内战的发生并不曾证明这种一致性的破裂，因为维护奴隶制的南方理论家们追寻某种传统主义的时候，能找到的依然是自由主义的信条，他们的理论否定了奴隶制的现实，内战与其说是一种冲突，不如说是一场净化，宪法中默认的奴隶制是一种历史的畸形产物，内战的胜利净化了美国的过去，而不是与过去断裂，相反，美国主义更加纯粹，它发现、意识到了自我。

美国的国父们被认为是洞悉政治、人性的现实主义者们，他们为所设想的可怕冲突设计了一套复杂的制衡体制。然而，这套体制能够得到美利坚的认同，能够在美国扎下根来，也许根本的原因不在于这套体制多么的精妙，恰恰是因为这套体制立足的社会本身。这是一个高度同质、保证了良好的团结的社会。我们可以设想，像美国宪法这样精妙的东西，能够在其他社会中存续下去吗？国父们的各种结论之所以是“正确的”，只是因为他们的各种前提是错误的。

宪法逐渐升华为美国人的爱国情感，法律是美国人的语言。传统的英雄从美国人的理想中消逝，因为美国人的独一无二的历史替代了传统英雄的作用，新英雄是立法者，他们被授权去发现这个新社会的内在法则。司法审查制度虽然没有铭写在法典中，但它是美国人法律情感的自然流露，是自然成长的结果，如果没有强大的内聚力，我们很难想象能够将宪法的争论拿到几位法官面前去审查。即使是在极具政治妥协艺术的英格兰，这一点也无法做到，因此，最早提出将法官置于政治生活最高位置的是英格兰人，但这一点能够实现却是在美国。美国的大法官们在面对宪法宣誓时，心中激荡着某种命运感。他们注定成为宪法的守护神。

美国人的宪法之治不同于英格兰的宪政惯例，在英格兰那里，无法发现明确的政体规则，这个民族从不为抽象的问题较真，恰恰相反，理论上的模糊为实践中的斡旋留下了广阔的空间，英格兰政治的历史都巧妙地缝补成一套实用的习惯，他们无须将其铭写在一部法典中，他们自然地表达在政治行为的情感和智慧中。美利坚的历史阙如为美利坚提供了其他民族的历史传统所不能提供的财富，美国人通过一种书写行为，将心中的信念转化为类似于古老的圣约一样的东西，这些法则成为信经，对于美国人的意义犹如古老的《旧约》对于以色列民族的意义，从此以后，正是这些法则塑造了美利坚的民族性格。如果将国父们比作是摩西，那么内战昭示了美利坚人基督教式的罪责，但内战也是一个赎罪的过程，通过内战，美利坚的心灵得到了救赎。

美国国父们是那个时代的政治家，是一批政治实践家，他们的思想是政治家的思想，而不是理论家的，美国的政治传统是政治家的传统，但这种思想、这些观念慢慢地融入美国的政治法律生活，融入了美国政治、法律理论家们的科学中。英格兰的法理学和英格兰的宪政安排和普通法实践刻意或者自觉保持了某种分工和隔绝，从而最终似乎成为孤立的学院中的抽象理论，美利坚的法学却与之不同，它没有走向封闭，相反它似乎将整个社会的法律经验综合在一起。

从殖民地、邦联走向独立，美利坚人头脑中保存下来的英格兰普通法观念和制度逐渐和殖民地的新经验走向了融合，在这片新的土地上，保存下来的正式法律制度显得捉襟见肘，既是因为新的独特经历，也因为英格兰式的专业法律人士，一些法律职业往往由不具备法律知识的人担任，判决更多依赖的是朴素的正义感，一位当时的法官曾说："我从不谈也不愿意谈柯克和布莱克斯通的书，我要的只是人与人之间的一种共同的感觉。"普通法的无处不在，也意味着或多或少地践行一些不言自明的真理。

法律也不曾成为专家们特别的技艺，也许正是因为法律不曾成为一个阶层的垄断之物，所以才形成了全社会都重视法律的习惯，法律的语言才是这个粗通文字的社会共同的语言，美国人总是用法律语言表达他们的政治经验。

美国的普通法与其说它是一个神秘地结合了各种规则的有机体，不如说是各色社会观念和时尚的贮藏室。美利坚立国的那些基本法则不曾束之高阁，也不曾局限在政治权力的基本运作，它渗透到了这个政治肌体的深层。普通法处理的是千变万化的具体经验，宪政原则则是某些永恒的权利，二者并不曾隔绝起来，法官正是沟通二者的中介。如果把美利坚比作一个法律世界的话，那么法官就是这个世界的英雄：赫拉克勒斯。他们既是一种制度的维护者，也是这种制度的阐释者，犹如古老世界中的祭司，在美利坚著名的法学家们几乎都是法官。到了19世纪中叶，美国法学与众不同的特点渐渐明显了：对普通法的独特的广义的解释，对包含在宪法里的天赋人权原则的崇尚，对法院在危险审查和宪法内容方面的创制权的高度宽容。

然而，如果说存在着一种美利坚对法理学思想的独特贡献，那么这就是称之为法律实用主义的东西，同样这也是美国大法官们的杰作。自1881年奥利弗·温德尔·霍姆斯（1841—1935）的著作《普通法》出版以来，美国法学思想发生了一次显著的重新定位。实用主义哲学、社会学法理学和现实主义法学的某些理念汇聚，并形成了美国本土唯一的关于法律和法律应用的一般理论。

正如实用主义哲学宣称颠覆了传统的真理概念，法律实用主义颠覆了传统的社会制度观念。"真理是相信了就会有用的东西"，"社会制度是人类不断转变的欲望的产物而不是外在于这些欲望的客观实体”。对于法律来说，最根本的在于从工具主义的意义来理解。“在我们的时代，很少有规则如此确定，以致不会在某一天要求它们证明自己作为适应一个目的的手段而存在的合理性。如果它们不再发挥作用，就是染上了疾病。如果它们患了疾病，就不必再繁衍。有时它们将被完全割除。有时它们将带着继续存活的影子而离开，但却被阉割了、截断了，不再为害。”这意味着法律的可争论性、可修改性和可变化性。法律是人类需求的奴仆，卡多佐说：“法律的最终根据是社会的福利。”

一位美国的法学理论家将法律实用主义描述为以下三项基本内容，首先，法学理论的首要任务是提供一个关于法律的清晰连贯的思想体系，使得法律在公职人员的运用中发挥更大的作用。比较而言，分析实证主义则认为法学理论的根本任务是推进我们对法律、法律下的生活等基本问题的理解。其次，这种理论的工具性表现为，法律规则和其他形式的法律就其本身而言，是被人们设计出来经世济用的工具，既不是从自然法中演绎出来的带有强制性的一般规范，也不是某种民族精神的体现。再次，它集中关注法律现象的工具性方面，如：法律所服务的目标的性质、种类和复杂性；实施法律的机构；法律中手段——目标关系的种类；为把法律付诸实施需要公职人员所做的各种法律工作，法律的功效；法律的局限。

是否存在着一个实用主义法学的流派这还是一个没有确定答案的问题，不过问题的不确定性似乎就给我们透露了美利坚人的某些独特性，在美利坚存在着普遍的反理论化趋势，不愿意承认社会事务中存在一般理论。实用主义恰恰是滋生于美利坚的独特社会气质，在托克维尔对美国的著名考察和评论中，就已经发现这片土地弥漫着普遍的实用主义情绪。美国是现代世界最民主的国家，恰恰是民主也赋予了美国政治一些实用主义的色彩，美利坚也是最商业化和最具多样性的国家，这里不存在僵硬的社会习俗和价值成见，社会事务完全可以依照其行动和效用的本质逻辑得以完善。也许人们抱有的社会观念是肤浅的，但总是最轻松和快乐的。

实用主义似乎不对任何确定的原则抱有严肃而认真的态度，但这恰恰是美国版的实用主义极具欺骗性的表象，如果深入底层，之所以没有成见，恰恰是因为最根本的原则业已确定。换句话说，在美国法律的兴盛正是源于哲学的贫困，因为解决基本的道德问题恰是哲学应追求的目标，只有当你认为你的道德不成问题时，所有的问题便呈现为方法问题。在美利坚之所以实用主义没有走向玩世不恭，恰恰是美国自由主义的一致性足够强大，这个民族有时对自己的信仰会爆发出歇斯底里的狂热。

这种实用主义的态度和自由主义的绝对论似乎势如水火，很难想象能够结合在一个民族的心灵中，然而美利坚似乎就是这样一个混合体。美利坚的心灵似乎是二元的，同时信奉人民主权和法律之治，伟大的法官们既能够顺应不断变化的社会政策，又能够坚守那永恒的原则信念，美国的法律观念既是民主的，也是法治的。“雅努斯总是有两张面孔。”

# 参考文献

**中文论文类：**


1.〔德〕特洛尔奇：《斯多亚——基督教的自然法与现代世俗的自然法》，刘小枫主编：《基督教理论与现代》，朱雁冰等译，北京：华夏出版社，2004年版。

2.〔德〕卡尔·施密特：《罗马天主教与政治形式（1923）》，刘小枫主编：《施密特文集》第一卷，上海：上海人民出版社，2003年版。

3.〔德〕卡尔·施密特：《政治的神学：主权学说四论》，刘小枫主编：《施密特文集》第一卷，上海：上海人民出版社，2003年版。

4.〔德〕路德：《论基督徒的自由》，吴玲玲编译：《论政府》，贵阳：贵州人民出版社，2004年版。

5.〔德〕路德：《关于世俗权力：对它的顺服应到什么程度?》，吴玲玲编译：《论政府》，贵阳：贵州人民出版社，2004年版。

6.〔德〕路德：《劝基督徒勿从事叛乱书》，吴玲玲编译：《论政府》，贵阳：贵州人民出版社，2004年版。

7.〔德〕迈尔：《施密特的学说》，刘小枫主编：《古今之争中的核心问题——施密特的学说和施特劳斯的论题》，北京：华夏出版社，2004年版。

8.〔英〕理查德·塔克：《托马斯·霍布斯的世俗宗教》，尼古拉斯·菲利普森、昆廷·斯金纳主编：《近代英国政治话语》，潘兴明等译，上海：华东师范大学出版社，2005年版。

9.〔美〕佩特森：《培根的俄耳甫斯神话——〈论古人的智慧〉中作为科学目标的权利》，刘小枫编：《论古人的智慧》，李春长译，北京：华夏出版社，2006年版。

10. 崇明：《卢梭社会理论的宗教渊源初探》，梁敬东编：《现代政治与自然》，上海：上海人民出版社，2003年版。

11.〔法〕让·斯塔罗宾斯基：《卢梭的〈论人类不平等的起源与基础〉》，吴雅凌译，刘小枫主编：《卢梭的苏格拉底主义》，北京：华夏出版社，2005年版。

12.〔美〕伯纳迪：《卢梭的〈社会契约论〉》，吴雅凌译，刘小枫主编：《卢梭的苏格拉底主义》，北京：华夏出版社，2005年版。

13.〔德〕O. 赫费：《自然科学时代的道德——康德〈纯粹理性批判〉的一种异端的导读》，郭大为译，《世界哲学》2006年第1期。

14.〔美〕詹姆斯·施密特：《什么是启蒙？问题、情景及后果》，詹姆斯·施密特编：《启蒙运动与现代性——18世纪与20世纪的对话》，徐向东等译，上海：上海人民出版社，2005年版。

15.〔美〕加雷特·格林：《现代文化的成熟：哈曼和康德对启蒙的根本隐喻的对立看法》，詹姆斯·施密特：《启蒙运动与现代性——18世纪与20世纪的对话》，徐向东等译，上海：上海人民出版社，2005年版。

16.〔德〕约翰·格奥尔格·哈曼：《致克里斯蒂安·雅科布·克劳斯的信》詹姆斯·施密特：《启蒙运动与现代性——18世纪与20世纪的对话》，徐向东等译，上海：上海人民出版社，2005年版。

17.〔德〕摩西·门德尔松：《论这个问题：什么是启蒙？》，詹姆斯·施密特：《启蒙运动与现代性——18世纪与20世纪的对话》，徐向东等译，上海：上海人民出版社，2005年版。

18.〔美〕S. 罗森：《德行与幸福：康德对亚里士多德》，成官泯译，载于《世界哲学》2005年第2期。

19.〔德〕黑格尔：《论自然法的科学探讨方式》，《哲学译丛》1997年第3期。

20.〔德〕黑格尔：《论德意志宪制》，《黑格尔政治著作选》，薛华译，北京：商务印书馆，1981年版。

21.〔德〕费希特：《论马基雅维利》，梁志学主编：《费希特选集》，第五卷，北京：商务印书馆，2006 年版。

**中文著作类：**

1.〔德〕亨利希・海涅：《论德国宗教和哲学的历史》，海安译，北京：商务印书馆，1974 年版。
2.〔英〕昆廷・斯金纳：《近代政治思想的基础》下卷《宗教改革》，奚瑞森等译，北京：商务印书馆，2002 年版。
3.〔德〕艾米尔・路德维希：《德国人》，杨成绪译，北京：东方出版社，2006 年版。
4.〔德〕汉斯・昆：《基督教大思想家》，包利民译，北京：社会科学文献出版社，2001 年版。
5.〔法〕伏尔泰：《风俗论》（中册），北京：商务印书馆，1997 年版。
6.〔德〕卡尔・施密特：《论断与概念》，朱雁冰译，上海：世纪出版集团，2006 年版。
7.〔德〕卡尔・施密特：《陆地与海洋——古今之《法》变》，林国基等译，上海：华东师范大学出版社，2006 年版。
8.〔德〕卡尔・施密特：《宪法学说》，刘锋译，上海：世纪出版集团、上海人民出版社，2005 年版。
9.〔德〕卡尔・施密特：《政治的概念》（1932），刘宗坤等译，上海：上海人民出版社，2003 年版。
10.〔英〕霍布斯：《利维坦》，黎思复等译，杨昌裕校，北京：商务印书馆，1985 年版。
11.〔英〕霍布斯：《论公民》，应星、冯克利译，贵阳：贵州人民出版社，2003 年版。
12.〔美〕列奥・施特劳斯：《自然权利与历史》，彭刚译，北京：三联出版社，2003 年版。
13.〔美〕列奥・施特劳斯：《霍布斯的政治哲学：基础与起源》，申彤译，南京：译林出版社，2001 年版。

14.〔美〕列奥·施特劳斯：《关于马基雅维利的思考》，申彤译，南京：译林出版社，2003 年版。
15.〔美〕列奥·施特劳斯：《政治哲学史》，李天然等译，石家庄：河北人民出版社，1993 年版。
16.〔英〕培根：《新工具》，许宝骙译，北京：商务印书馆，1984 年版。
17.〔英〕培根：《新大西岛》，刘小枫编：《论古人的智慧》，李春长译，北京：华夏出版社，2006 年版。
18.〔英〕培根：《培根论说文集》，水天同译，北京：商务印书馆，1983 年版。
19.〔英〕培根：《论古人的智慧》，李春长译，北京：华夏出版社，2006 年版。
20.〔法〕笛卡儿：《谈谈方法》，王太庆译，北京：商务印书馆，2000 年版。
21.〔德〕E. 卡西勒：《启蒙哲学》，顾伟铭等译，济南：山东人民出版社，1996 年版。
22.〔德〕马克斯·布劳马赫等：《德意志史》第二卷，上册，陆世澄等译，高年生校，北京：商务印书馆，1998 年版。
23.〔法〕托克维尔：《旧制度与大革命》，冯棠译，桂裕芳等校，北京：商务印书馆，1992 年版。
24.〔美〕布鲁姆：《巨人与侏儒》，张辉编，秦露等译，北京：华夏出版社，2003 年版。
25.〔美〕凯斯·安塞尔－皮尔逊：《尼采反卢梭——尼采的道德—政治思想研究》，宗成河等译，北京：华夏出版社，2005 年版。
26.〔法〕卢梭：《论科学与艺术》，何兆武译，北京：商务印书馆，1963 年版。
27.〔法〕卢梭：《论人与人之间不平等的起因与基础》，李平沤译，北京：商务印书馆，2007 年版。
28.〔法〕卢梭：《爱弥儿——论教育》，下卷，李平沤译，北京：商务印书馆，1978 年版。
29.〔法〕卢梭：《社会契约论》，何兆武译，北京：商务印书馆，1980 年版。
30.〔德〕荷尔德林：《荷尔德林文集》，戴晖译，北京：商务印书馆，2003 年版。
31.〔德〕卡西尔：《卢梭·康德·歌德》，刘东译，北京：三联出版社，2002 年版。
32.〔德〕康德：《纯粹理性批判》，邓晓芒译，杨祖陶校，北京：人民出版社，2004 年版。
33.〔德〕康德：《实用人类学》，邓晓芒译，郑宝华主编：《康德文集》，北京：改革出版社，1997 年版。
34.〔德〕康德：《论优美感和崇高感》，何兆武译，北京：商务印书馆，2001 年版。
35.〔德〕康德：《系科之争》，载于康德：《论教育学》，赵鹏等译，上海：世纪出版集团，2005 年版。
36.〔德〕康德：《判断力批判》，邓晓芒译，杨祖陶校，北京：人民出版社，2002 年版。
37.〔德〕康德：《道德形而上学基础》，苗力田译，上海：上海人民出版社，2002 年版。
38.〔德〕康德：《实践理性批判》，邓晓芒译，杨祖陶校，北京：人民出版社，2003 年版。
39.〔德〕康德：《纯粹理性界限内的宗教》，李秋零编译：《康德著作全集》第六卷，北京：中国人民大学出版社，2007 年版。
40.〔德〕康德：《法权论的形而上学初始根据》，张荣等译，李秋零编译：《康德著作全集》第六卷，北京：中国人民大学出版社，2007 年版。
41.〔英〕约翰·伯瑞：《进步的观念》，范祥涛译，上海：上海三联书店，2005 年版。
42.〔德〕诺贝特·埃利亚斯：《文明的进程：文明的社会起源和心理起

源的研究》第一卷：《西方国家时速上层行为的变化》，王佩莉译，北京：三联出版社，1998年版。
43.〔美〕小查尔斯·爱德华·梅里亚姆：《卢梭以来的主权学说史》，毕洪海译，北京：法律出版社，2006年版。
44.〔古希腊〕第欧根尼·拉尔修：《名哲言行录》，马永翔等译，长春：吉林人民出版社，2003年版。
45.〔英〕伯克著：《法国革命论》，何兆武等译，北京：商务印书馆，1998年版。
46.〔英〕阿克顿：《自由史论》，胡传胜等译，南京：译林出版社，2001年版。
47.〔德〕黑格尔：《历史哲学》，王造时译，上海：上海书店出版社，1999年版。
48. 李工真：《德意志道路》，武汉：武汉大学出版社，2005年版。
49. 郑昕：《康德学述》，北京：商务印书馆，1984年版。
50. 邓晓芒：《康德哲学诸问题》，北京：三联出版社，2006年版。
51.〔英〕霍布斯：《一位哲学家与英格兰普通法学者的对话》，姚中秋译，上海：上海人民出版社，2006年版。
52.〔美〕斯托纳：《普通法与自由主义理论：柯克、霍布斯及美国宪政主义之诸源头》，姚中秋译，北京：北京大学出版社，2005年版。
53.〔英〕边沁：《道德与立法原理导论》，时殷弘译，北京：商务印书馆，2000年版。
54.〔英〕布莱克斯通：《英国法释义》第一卷，游云庭、缪苗译，上海：上海人民出版社，2006年版。
55.〔英〕约翰·奥斯汀著：《法理学的范围》，刘星译，北京：中国法制出版社，2003年版。
56.〔英〕穆勒：《功利主义》，徐大建译，上海：上海人民出版社，2008年版。
57.〔德〕黑格尔：《黑格尔政治著作选》，薛华译，北京：中国法制出版社，2008 年版。

58.〔德〕萨维尼格林：《萨维尼法学方法论讲义与格林笔记》，杨代雄译，北京：法律出版社，2008 年版。

59.〔德〕萨维尼：《历史法学派的基本思想》，郑永流译，北京：法律出版社，2009 年版。

60.〔德〕维亚克尔：《近代私法史》，陈爱娥，黄建辉译，上海：上海三联书店，2006 年版。

61.〔德〕耶林：《法学的概念天国》，何伟才译，北京：中国法制出版社，2009 年版。

62.〔英〕桑希尔：《德国政治哲学：法的形而上学》，陈江进译，北京：人民出版社，2009 年版。

63.〔美〕路易斯·哈茨：《美国的自由主义传统》，张敏谦译，北京：中国社会科学出版社，2003 年版。

64.〔美〕萨默斯：《美国实用工具主义法学》，柯华庆译，北京，中国法制出版社，2010 年版。

65.〔美〕汉密尔顿等：《联邦党人文集》，程逢如等译，北京：商务印书馆，1980 年版。

66.〔法〕托克维尔：《论美国的民主》，董果良译，北京：商务印书馆，2009 年版。

67.〔美〕斯诺维斯：《司法审查与宪法》，谌洪果译，北京：北京大学出版社，2005 年版。

68.〔美〕威廷顿：《司法至上的政治基础：美国历史上的总统、最高法院及宪政领导权》，牛悦译，北京：北京大学出版社，2010 年版。

**英文论文类：**

1. Troeltsch: "The Ideas of Natural Law and Humanity in World Politics", edited by Ernest Barker, *Natural Law and The Theory of Society*1500 *to*1800, by Otto Gierke, with a lecture on The Ideas of Natural Law and

Humanity in World Politics, by Ernst Troeltsch, Beacon Press, Boston, 1957.

2. Peter Roots, "The Stoic Sage and The Decline of Stoicism", http://www.ancientworlds.net/aw/Article/497576.
3. Joshua Mitchell, "Voegelin and the Scandal of Luther: Philosophy, Faith, and the Modern Age", http://www.artsci.lsu.edu/voegelin/EVS/EVS/PANEL5.html#Voegelin.
4. Mark Wilms, "The Rebirth of Luther' s Two Kingdoms in Kant' s Commonwealths: Optimism Coming of Age," Journal for *Christian Theological Research*3: 1 (1998).
5. Constantin Fasolt: "Sovereignty and Heresy", Originally published in: *Infinite Boundaries: Order, Disorder, and Reorder in Early Modern German Culture*. Ed. Max Reinhart. Sixteenth Century Essays & Studies, Vol. 40. p381 - 391, Kirksville, Mo., 1998.
6. Michael Oakeshott, "Leviathan: a Myth", *Hobbes on Civil Association*, Indianapolis, Indiana, 1975, Liberty Fund, Inc.
7. Michael Oakeshott, "The Moral Life in the Writings of Tomas Hobbes", *Hobbes on Civil Association*, Indianapolis, Indiana, 1975, Liberty Fund, Inc.
8. Michael Oakeshott, "Dr. Leo Strausson Hobbes", *Hobbes on Civil Association*, Indianapolis, Indiana, 1975, Liberty Fund, Inc.
9. Kant, "Perpetual Peace", *Kant: Political Writings, Edited with an Introduction and Notes by* Han Reiss, Translated by H. B. Nisbet, Cambridge-University Press, 1970.
10. MarthaC. Nussbaum, "Kant and Cosmopolitanism", *Perpetual peace: essays on Kant' s cosmopolitanideal*, edited by James Bohman and Matthisa Lutz - Bachmann, The MIT press, Cambridge, 1997.
11. IanJohnst on, "lectureon Kant' s 'perpetual peace'", http://www.

mala. bc. ca/ ~ Johnstoi/introser/kant. htm.

12. Russell Kirk, "Burke and the Philosophy of Prescription", *Journal of the History of Ideas*, Vol. 14, No. 3. (Jun., 1953).

13. Edmund Burke, "Appeal From the New to the Old Whigs", http: // ia300040. us. archive. org/1/items/appealfromnewtoo00burkiala/appealfromnewtoo00burkiala_ djvu. txt.

14. William M. Wiecek, "the Lost World of Classical Legal Thought: Law and Ideology in America", 1886—1937, NewYork: Oxford University Press, 1998.

15. Neil Duxbury, "English Jurisprudence between Austin and Hart", *Virginia Law Review*", Vol. 91, No. 1 (Mar., 2005), pp. 1—91.

16. Neil Duxbury, "the Narrowing of English Jurisprudence", *Michigan Law Review*, Vol. 95, No. 6, 1997.

17. I. F. R., "Recent Developments in English Jurisprudence", *The American Law Register* (1852—1891), Vol. 13, No. 1, New Series Volume 4 (Nov., 1864), pp. 1—12.

18. Paul Christianson, "Political Thought in Early Stuart England", *The Historical Journal*, Vol. 30, No. 4 (Dec., 1987), pp. 955—970.

19. MortonJ. Horwitz, "Why Is Anglo—American Jurisprudence Unhistorical?" *Oxford Journal of Legal Studies*, Vol. 17, No. 4 (Winter, 1997), pp. 551—586.

20. I. F. R., Recent, "Developments in English Jurisprudence", *The American Law Register* (1852—1891), Vol. 13, No. 1, New Series Volume 4 (Nov., 1864), pp. 1—12.

21. Thomas C. Grey, "Modern American Legal Thought", *the Yale Law Journal*, Vol. 106, No. 2 (Nov., 1996), pp. 493—517.

22. J. G. A. Pocock, "The History of British Political Thought: The Creationofa Center", *he Journal of British Studies*, Vol. 24, No. 3 (Jul.,

1985), pp. 283—310.

23. Brian Leiter, "Is Therean'AmericanJurisprudence?" *Oxford Journal of Legal Studies*, Vol. 17, No. 2 (Summer, 1997), pp. 367—387.

24. F. F., "American Contributions to Jurisprudence", *Harvard Law Review*, Vol. 28, No. 3 (Jan., 1915), pp. 337—339.

25. R. Kent Newmyer, "Harvard Law School, New England Legal Culture, and the Antebellum Origins of American Jurisprudence", *The Journal of American History*, Vol. 74, No. 3, The Constitution and American Life: A Special Issue (Dec., 1987), pp. 814—835.

26. G. Edward White, "the Path of American Jurisprudence", *University of Pennsy lvania Law Review*, Vol. 124, No. 5 (May, 1976), pp. 1212—1259.

27. MortonJ. Horwitz, "Why Is Anglo—American Jurisprudence Unhistorical?" Oxford Journal of Legal Studies, Vol. 17, No. 4 (Winter, 1997), pp. 551—586.

28. Richard A. Posner, "Blackstone and Bentham", *Journal of Law and Economics*, Vol. 19, No. 3, 1776: The Revolution in Social Thought (Oct., 1976), pp. 569—606.

29. Gertrude Himmelfarb, "Bentham Scholarship and the Bentham 'Problem'", *the Journal of Modern History*, Vol. 41, No. 2 (Jun., 1969), pp. 189—206.

30. H. L. A. Hart, "Bentham and the Demystification of the Law", *the Modern Law Review*, Vol. 36, No. 1 (Jan., 1973), pp. 2—17.

31. James E. Crimmins, "Bentham and Hobbes: An Issue of Influence", *Journal of the History of Ideas*, Vol. 63, No. 4 (Oct., 2002), pp. 677—696.

32. L. J. Hume, "Jeremy Bentham and the Nineteenth—Century Revolution in Government", *The Historical Journal*, Vol. 10, No. 3 (1967),

pp. 361—375.

33. Frederick N. Judson, "A Modern View of the Law Reforms of Jeremy Bentham", *Columbia Law Review*, Vol. 10, No. 1 (Jan., 1910), pp. 41—54.

34. Edwin W. Patterson, "Bentham on the Natureand Method of Law", *California Law Review*, Vol. 33, No. 4 (Dec., 1945), pp. 612—621.

35. William Holdsworth, "Bentham' s Place in English Legal History", *California Law Review*, Vol. 28, No. 5 (Jul., 1940), pp. 568—586.

36. Alvan S. Ryan, "Bentham on the Limits of Jurisprudence ", *the Review of Politics*, Vol. 7, No. 4 (Oct., 1945), pp. 535—536.

37. DavidLyons, "Founders and Foundations of Legal Positivism", *Michigan Law Review*, Vol. 82, No. 4, 1984 Survey of Books Relating to the Law (Feb., 1984), pp. 722—739.

38. James Oldham, "From Blackstone to Bentham: Common Law versus Legislation in Eighteenth - Century Britain", *Michigan Law Review*, Vol. 89, No. 6, 1991Survey of Books Relating to the Law (May, 1991), pp. 1637—1660.

39. HarryV. Jaffa, "Conflicts with in the Idea of the Liberal Tradition", *Comparative Studies in Society and History*, Vol. 5, No. 3 (Apr., 1963), pp. 274—278.

40. David L. Schaefer, "Jaffa' s Thinking on the American Revolution R", *The Review of Politics*, Vol. 41, No. 3 (Jul., 1979), pp. 437—442.

41. R. Kent Newmyer, "Harvard Law School, New England Legal Culture, and the Antebellum Origins of American Jurisprudence", *The Journal of American History*, Vol. 74, No. 3, The Constitution and American Life: A Special Issue (Dec., 1987), pp. 814—835.

42. Brian Leiter, Is There an American Jurisprudence? *Oxford Journal of Le-*

*gal Studies*, Vol. 17, No. 2 (Summer, 1997), pp. 367—387.

43. Thomas C. Grey, "Modern American Legal Thought", *the Yale Law Journal*, Vol. 106, No. 2 (Nov., 1996), pp. 493—517.

44. Laura Kalman, "Eating Spaghetti with a Spoon", *Stanford Law Review*, Vol. 49, No. 6 (Jul., 1997), pp. 1547—1581.

**英文著作类：**

1. Otto Gierke, *Political Theories of the Middle Age*, Cambridge university-press, London, 1900.

2. Leopold Von Ranke, *History of the Reformation in Germany*, Translated by Sarah Austin, Vol. 1, London: Longman, Brown, Green, and Longmans, Paternoster—Row. 1845.

3. Karl Barth, *Protestant thought: from Rousseau to Ritschl, being the translation of eleven chapters of Die Protestantische Theologie Im* 19. Jahrhundert, NewYork, Harper, 1959.

4. Joseph A. Seiss, *Luther and the Reformation: The Life – Springs of Our Liberties*, http://www.gutenberg.org/1/6/7/9/16797/.

5. Ernst Troeltsch, *Protestantism and progress*, Beacon Press, Boston, 1958.

6. Ernst Troeltsch, *The Social Teaching of the Christian Churches*, Vol. 1, Translated by Olive Wyon, London, 1931.

7. Jean Bodin, *Six Books of the Commonwealth*, Abridged and translated by M. J. Tooley. Basil Blackwell Oxford Printed, 1955. Introduction, http://www.constitution.org/bodin/bodin_0.htm.

8. Jean Bodin, *On Sovereignty, Four chapters from the Six Books of the Commonwealth*, edited by Julian H. Franklin, Cambridge University Press 1992.

9. Harol Dj. Laski, *Studies in the Problem of Sovereignty*, New Haven: Yale University Press, 1917.

10. Leo Strauss, *Spinoza' s Critique of Religion*, Translated by E. M. Sinclair, The University of Chicago Press, Chicago and London, 1997.

11. Hobbes, *The Elements of Law Natural and Polit ic*, part 1, chapter 9, 21, http://etext. lib. virginia. edu/toc/modeng/public/Hob2Ele. html.

12. G. D. H. Cole, *Philosophy and Theology*, *Rousseau' s Social Contract*, London, J. M. Dent & Sons Ltd. 1913.

13. Alfred Cobbanm, *Rousseau and the Modern State*, London, George Allen & Unwin Ltd. 1934.

14. Rousseau, *Political Writings*, *Containing The Social Contract*, *Considerations on the Government of Poland*, *and PART1 of the Constitutional Project for Corsica*, Translated and edited by Frederick Watkins, Thomas Nelson and Sons Ltd, 1953, Editor' s Introduction, http://www. constitution. org/jjr/watkins. htm.

15. Alfred Cobbanm, *Rousseau and the Modern State*, London, George Allen & Unwin Ltd. 1934.

16. J. J. Rousseau, *Considerations on the Government of Poland and on Its Proposed Reformation*, http://www. constitution. org/jjr/poland. htm.

17. Hannah Arendt, *Lecture on Kant' s Political Philosophy*, Edited and with aninterpretive essay by Ronzld Beiner, the University of Chicago Press, Chicago, 1982.

18. Kant, *Political Writings*, Edited with an Introduction and Notes by Han Reiss, Translated by H. B. Nisbet, Cambridge University Press, 1970.

19. R. M. Wenley, *Kant and His Philosophical Revolution*, Edinburgh. T&T. Clark, 1910.

20. Edmund Burke, *Pre – Revolutionary Writings*, Edited by Ian Harris, Cambridge University Press, 1993.

21. John Morley, *Burke*, London Macmillan and Co. and New York, 1888.